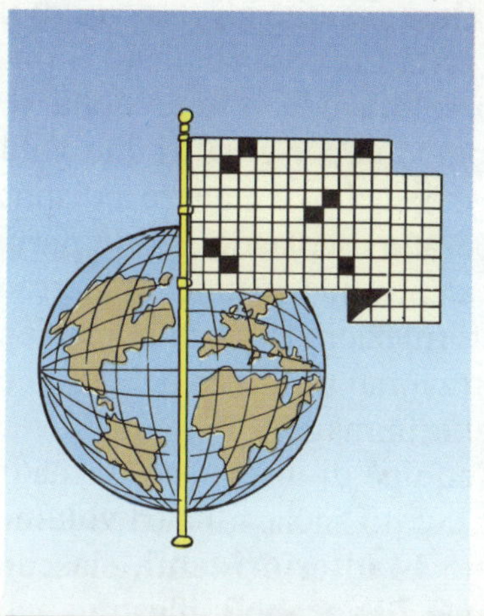

Nach dem großen Erfolg der ersten zwei Bände **Mit Kreuzworträtseln Deutsch lernen** freuen wir uns sehr, den dritten Band dieser Reihe vorzustellen. Wir sind sicher, daß unsere neue Veröffentlichung ein genauso großes Echo bei Lehrern und Schülern in ganz Europa finden wird wie die beiden ersten Bände.

Ziel dieses neuen Buches ist auch diesmal, Lehrern und Schülern ein wertwolles Hilfsmittel zur Verfügung zu stellen, das anhand von Bildern und auf unterhaltsame und spielerische Weise den Wortschatz einer Fremdsprache darstellt.

Dieselbe aus muttersprachlichen Fremdsprachenlehrern bestehende Expertengruppe hat weitere **14 Themen** mit je **20 Wörtern** ausgewählt. Diese Wörter werden vor den fünf Seiten mit den Kreuzwortfeldern illustriert dargestellt. **Das erste Kreuzworträtsel** enthält 10 Wörter des Themas.

Mit Hilfe der Illustrationen kann der Schüler die Vokabeln in die richtigen Felder einsetzen.

Das zweite Kreuzworträtsel enthält die 10 anderen Vokabeln des Themas. **Im dritten Kreuzworträtsel** werden 5 Vokabeln des ersten und 5 des zweiten Schemas verwendet.

Im vierten Kreuzworträtsel werden die übrigen 5 Vokabeln des ersten und des zweiten Schemas verwendet. **Im fünften Kreuzworträtsel** des Themas kann der Schüler alle 20 Vokabeln finden. An dieser Stelle hat er sich alle diese Wörter gut eingeprägt und kann sie auch korrekt schreiben.

Wir möchten Sie daran erinnern, daß dieses Buch vom Lehrer als Kontrolle und Erweiterung der lexikalischen Kenntnisse seiner Schüler eingesetzt, aber auch direkt von den Schülern als lustige Wortschatzübung zu Hause verwendet werden kann.

Wegen seines spielerischen Aspekts und dem damit verbundenen Spaß kann dieser 3. Band **Mit Kreuzworträtseln Deutsch lernen** bestens für die Sommerferien empfohlen werden.

Après le succès du premier volume de **Mit Kreuzworträtseln Deutsch lernen** accueilli et adopté avec enthousiasme dans toutes les écoles d'Europe, nous vous proposons le troisième volume de la série.

Comme pour les deux premiers, l'objectif est de mettre à la disposition des enseignants de langues étrangères et surtout des élèves, un instrument permettant de présenter un lexique illustré facile à mémoriser, en combinant donc l'image et le jeu.

L'équipe d'enseignants qui a soigné les numéros précédents a sélectionné **14 nouveaux thèmes**, proposant chacun **20 mots** illustrés sur la page qui précède la série de **5 grilles de mots croisés**.

La première grille se rapporte à 10 mots que l'élève peut insérer en s'aidant des illustrations.

La deuxième grille se rapporte aux 10 autres mots.

La troisième grille utilise 5 mots de la première et 5 mots de la deuxième.

La quatrième grille utilise les 5 autres mots de la première et les 5 autres mots de la deuxième.

Dans **la cinquième grille** de la série, l'élève pourra insérer tous les mots qu'il aura certainement mémorisés tant pour leur rapport avec l'illustration que pour leur orthographe respective.

Comme les deux premiers, ce volume peut être facilement utilisé par l'enseignant pour contrôler ou compléter l'acquis lexical, ou bien à la maison sous forme de jeu-exercice, en particulier pendant les vacances.

Apprendre en s'amusant, voilà ce que vous propose ce volume 3 de **Mit Kreuzworträtseln Deutsch lernen**.

Visto il positivo riscontro dei prim[i] due volumi di **Mit Kreuzworträtseln Deutsch lernen**, e soprattutto l'enorme interesse da essi suscitato press[o] gli insegnanti e gli studenti di molte scuol[e] in tutta Europa, abbiamo il piacere di proporre ora il 3 volume della serie.

Come già per gli altri due volumi, l'obiettivo è quello di mettere a disposizione degl[i] operatori scolastici, ed in particolare degl[i] studenti, uno strumento in grado di fornir[e] informazioni lessicali in maniera piacevole attraverso l'utilizzo del gioco e il support[o] delle immagini.

L'equipe di insegnanti di madrelingua ch[e] ha curato anche gli altri volumi, ha selezionato **14 ulteriori temi**, ciascuno comprendente **20 vocaboli**, illustrati nella tavola ch[e] precede la serie di **5 schemi di parol[e] crociate**.

Il **primo schema** è ralativo a 10 vocabol[i] del tema. Con l'aiuto delle illustrazioni, i[l] ragazzo può inserire i vocaboli nelle casell[e] appropriate.

Il **secondo schema** è relativo ai rimanent[i] 10 vocaboli del tema.

Il **terzo schema** utilizza 5 vocaboli de[l] primo schema e 5 del secondo.

Il **quarto schema** utilizza i rimanenti [5] vocaboli del primo schema ed i rimanent[i] 5 del secondo.

Nel **quinto schema** della serie, il ragazz[o] ritroverà tutti e 20 i vocaboli che, a quest[o] punto, avrà gradatamente memorizzato, si[a] nel loro rapporto semantico con l'oggett[o] illustrato che nella loro forma ortografica.

Ricordiamo che il volume può essere utilizzato dall'insegnante per controllare [e] ampliare le conoscenze lessicali dei propr[i] studenti, o direttamente da questi ultim[i] come piacevole esercizio a casa.

Visto l'elemento ludico e di divertimento a[d] esso intrinseco, anche questo 3 volume [di] **Mit Kreuzworträtseln Deutsch lernen** [è] consigliato per le vacanze scolastiche.

mit KREUZWORTRÄTSELN DEUTSCH lernen

Band 3

EUROPEAN LANGUAGE INSTITUTE

The first two volumes of **Mit Kreuzworträtseln Deutsch lernen** create a lot of interest in schools throughout the world. Following this enthusiastic reception, we are pleased to announce this third volume in the series.

As in the other two volumes, the main aim of the book is to provide a way of learning vocabulary which, apart from being informative, is also enjoyable and entertaining. Students of all ages can now learn new words through games and images.

The team of mother tongue teachers responsible for the other two books in the series has chosen **14 new subjects** which contain **20 words each**. All the words are illustrated in the page preceding the crosswords.

The **first page** of crosswords in each unit concentrates on 10 words drawn from the main subject. With the help of the illustrations, the student can insert the words in the right spaces.

The **second page** relates to the other ten words included in the unit.

The **third page** takes five words from the first page and five from the second.

The **fourth page** features the remaining five words from pages 1 and 2.

In the **fifth** and final crossword in each unit, all the words are included and the student will find that in completing the first four pages, he or she will have memorised the 20 words and will be able to fill in the final crossword without too much difficulty.

Teachers will find that **Mit Kreuzworträtseln Deutsch lernen** can be used to check or to increase levels of vocabulary of students. The crosswords can also be used as an enjoyable homework exercise. Lastly, in the long summer holidays they can provide an entertaining way of revising and maintaining contact with English.

Dado el entusiasmo con el que han sido acogidos los dos primeros volúmenes de **Mit Kreuzworträtseln Deutsch lernen**, y tras el gran interés que han suscitado entre los profesores y los alumnos de muchas escuelas de toda Europa, tenemos el placer de presentar el tercer volumen de la serie.

Al igual que en los volúmenes anteriores, nuestro objetivo es ofrecer, en concreto a los estudiantes, un instrumento que les permita enriquecer su léxico de una forma agradable a través del juego y con la ayuda de las imágenes.

El equipo de profesores nativos que preparó los anteriores volúmenes ha seleccionado para esta ocasión **14 nuevos temas de 20 palabras cada uno**, que aparecen ilustradas en la página anterior a la serie de cinco crucigramas de que consta cada tema.

El **primer crucigrama** utiliza 10 palabras. Para los muchachos no será difícil resolverlo ya que cuentan con la ayuda de las ilustraciones.

En el **segundo crucigrama** se utilizan las otras diez palabras del tema.

En el **tercer crucigrama** se utilizan cinco palabras del primero y cinco del segundo.

En el **cuarto crucigrama** tendrán que usar las cinco que quedan del primero junto a las cinco que quedan del segundo.

El **quinto crucigrama** es el último de la serie y en él encontramos todas las palabras que componen el tema. A estas alturas, y de una forma gradual, los chicos ya habrán memorizado no sólo el significado sino también la ortografía de cada una de ellas.

Queremos recordar que este libro puede ser utilizado tanto por el profesor, para controlar o ampliar el vocabulario de sus alumnos, como por los propios estudiantes que pueden pasa unos ratos muy agradables resolviendo los crucigramas en casa.

Dado el carácter divertido, de juego que tiene este nuevo volumen de **Mit Kreuzworträtseln Deutsch lernen**, creemos que es un libro ideal para las vacaciones.

BÄUME UND PFLANZEN

der Baumstamm

der Ast

die Blätter

die Blumen

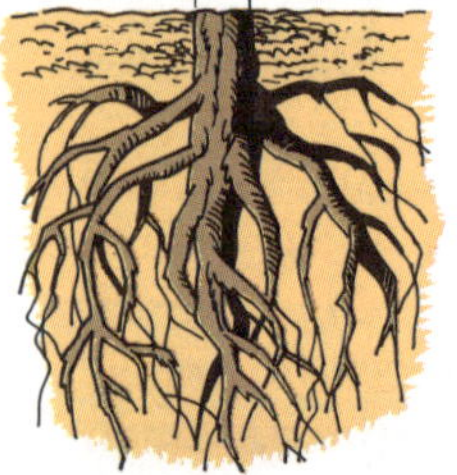

die Wurzeln

der Kastanienbaum

die Kiefer

die Zypresse

die Tanne

der Apfelbaum

der Kirschbaum

die Pappel

die Trauerweide

die Palme

die Eiche

der Kaktus

die Mimose

der Efeu

die Stechpalme

das Gras

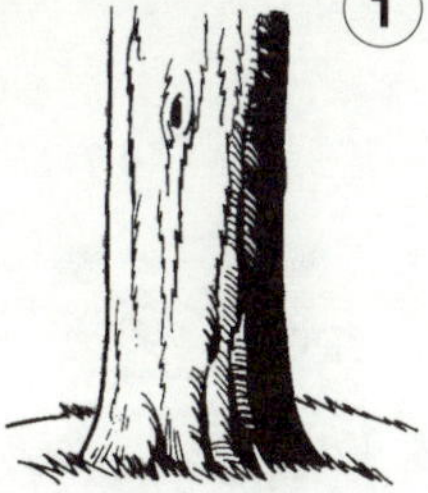

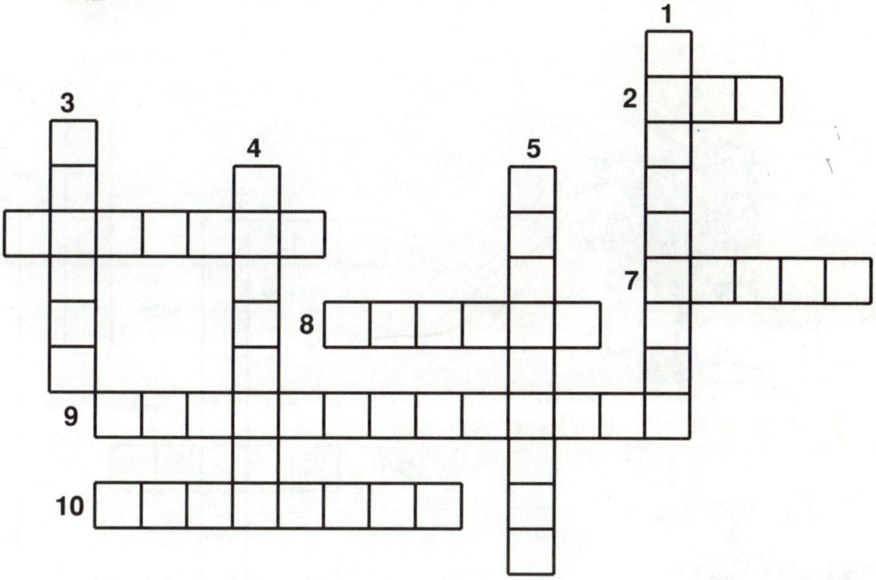

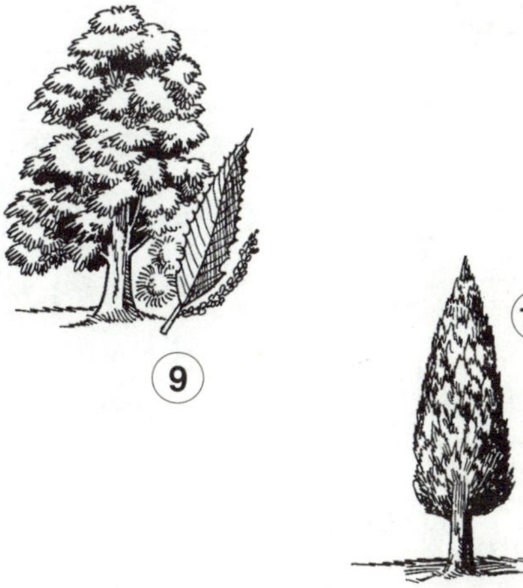

(1)

(2)

(3)

(4)

(5)

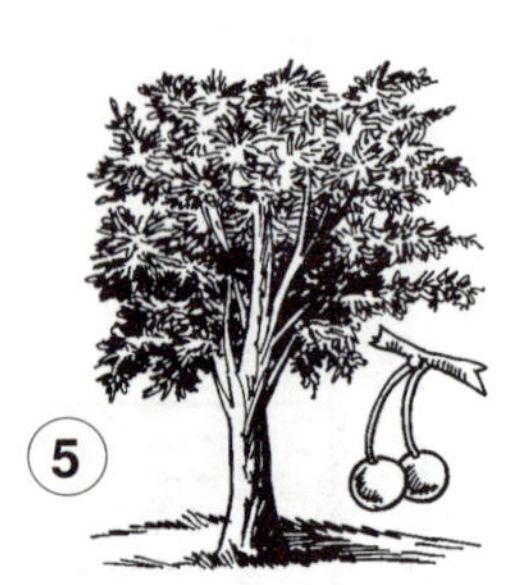

(6)

(7)

(8)

(9)

(10)

1

2

3

4

5

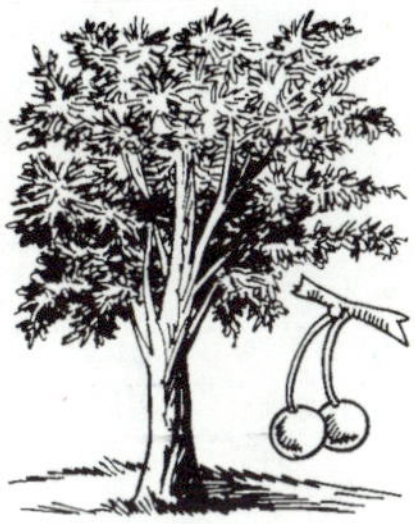

6

7

8

9

10

1

2

3

4

5

6

7

8

9

10

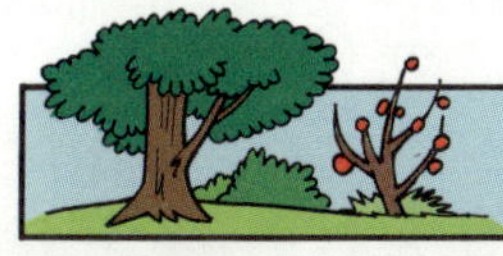

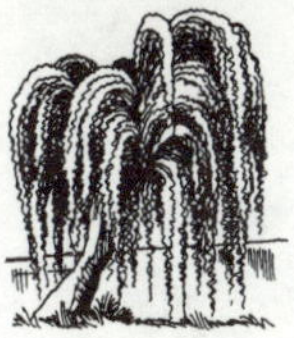

1

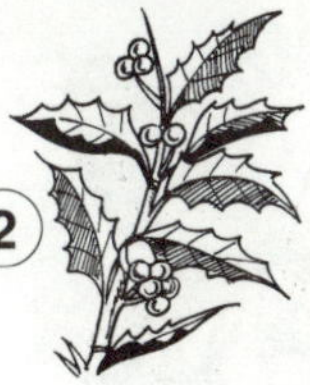

2

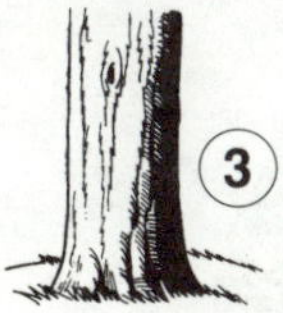

3

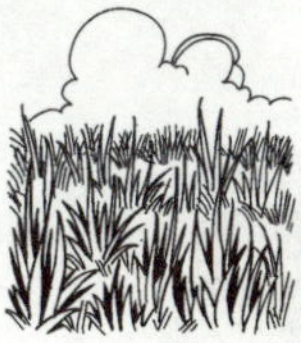

4

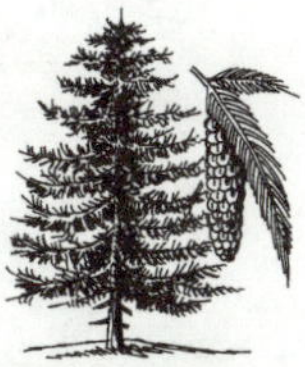

5

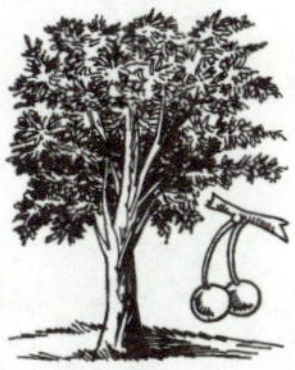

6

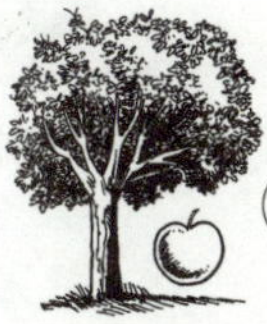

7

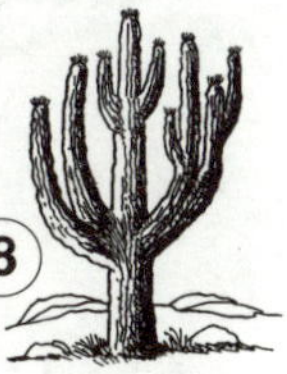

8

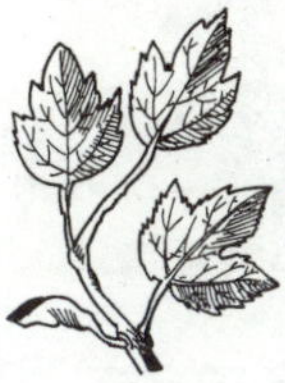

9

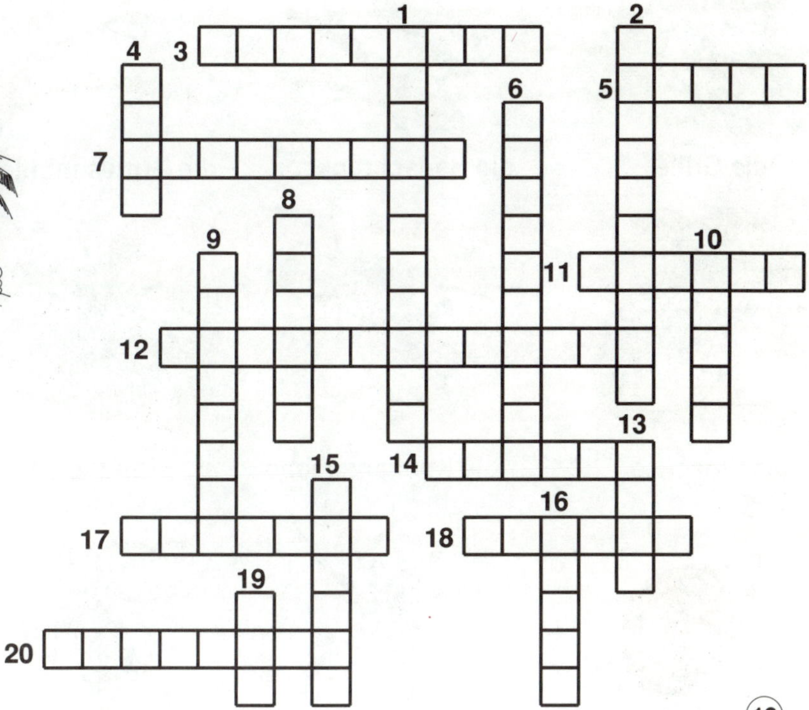

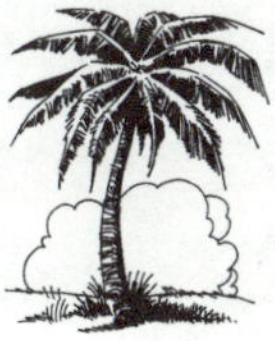

10

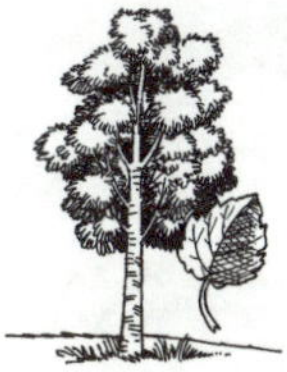

11

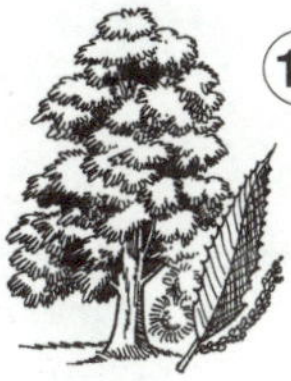

12

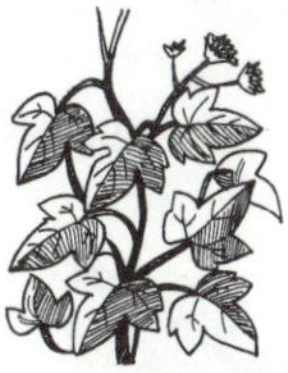

13

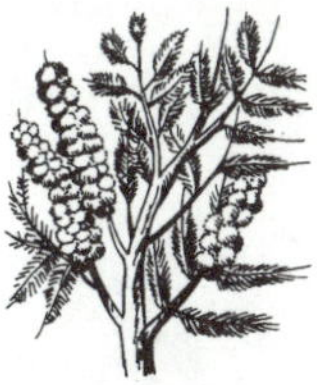

14

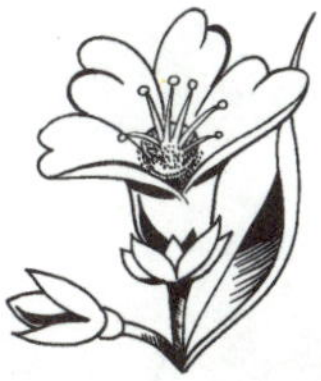

15

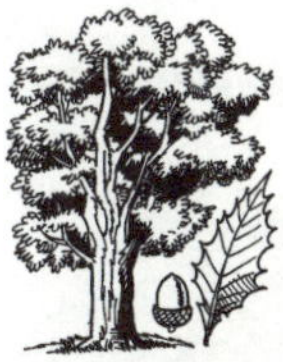

16

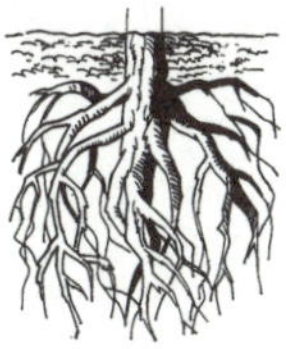

17

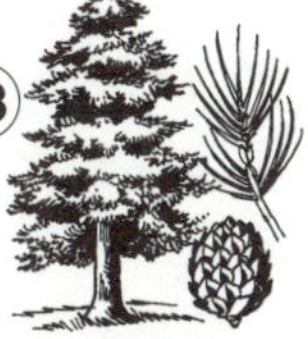

18

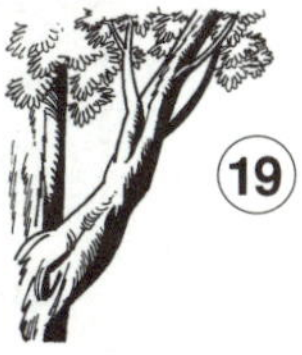

19

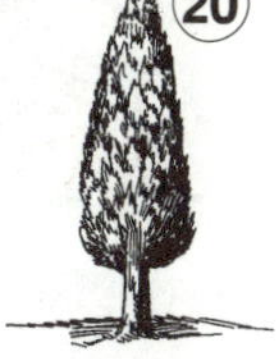

20

die Schnecke

die Raupe

der Schmetterling

die Libelle

die Grille

die Heuschrecke

die Gottesanbeterin

der Skorpion

die Eidechse

die Küchenschabe

die Ameise

die Stechmücke

der Marienkäfer

die Spinne

der Leuchtkäfer

die Fliege

die Biene

die Wespe

die Motte

der Tausendfüßler

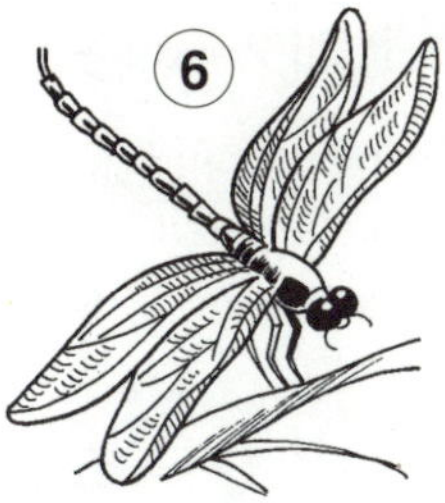

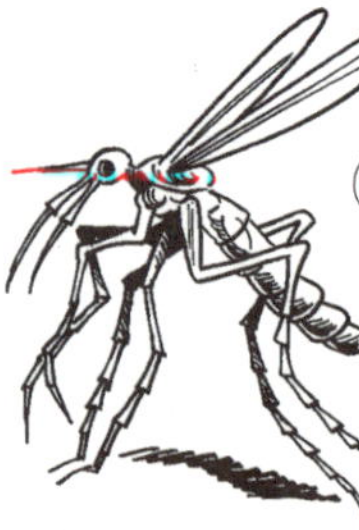

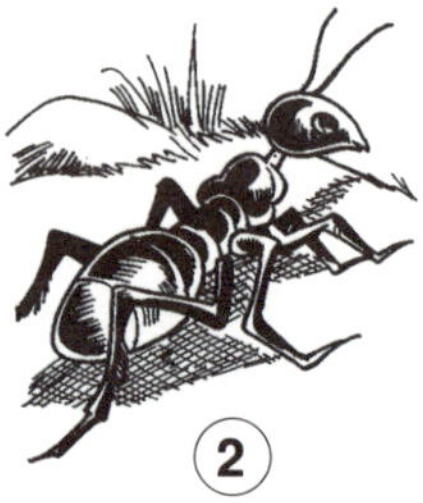

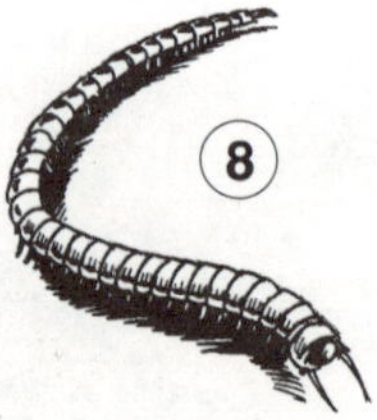

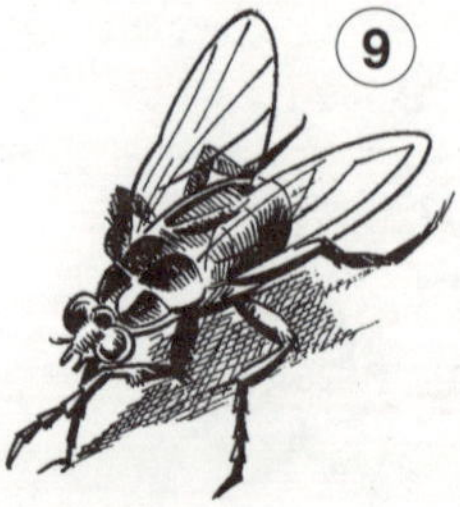

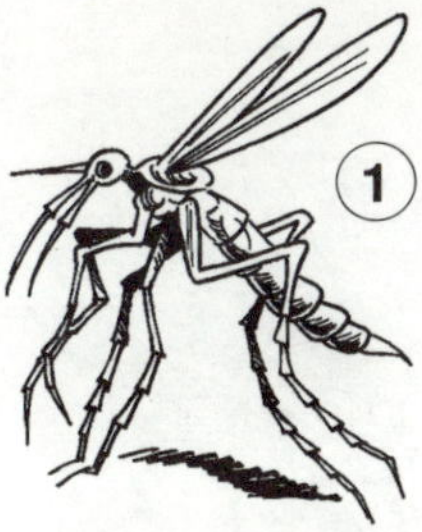

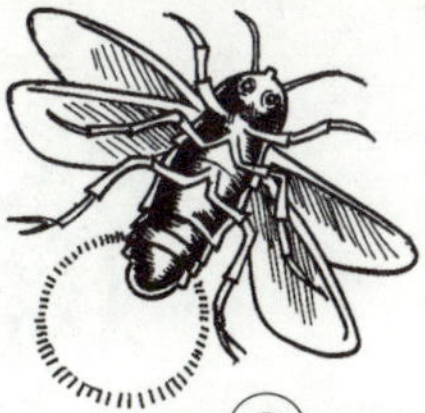

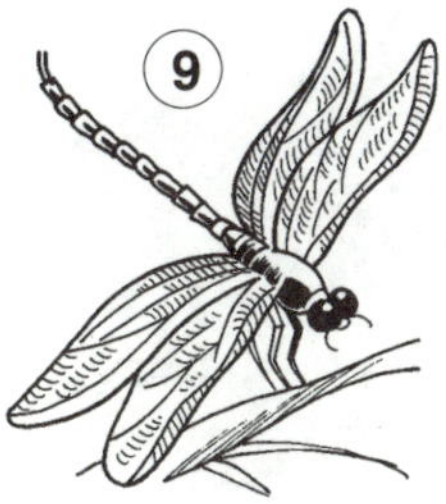

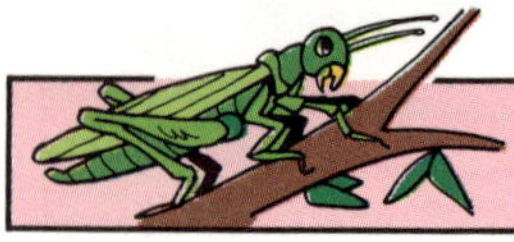

4

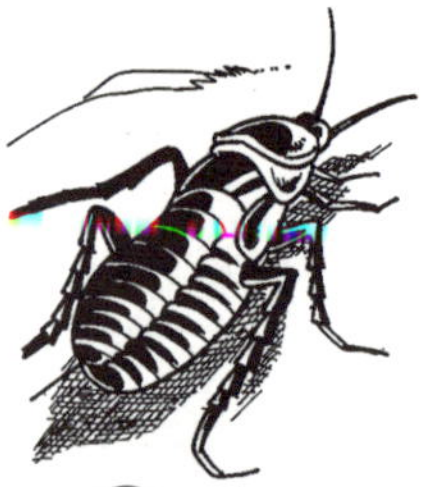

1

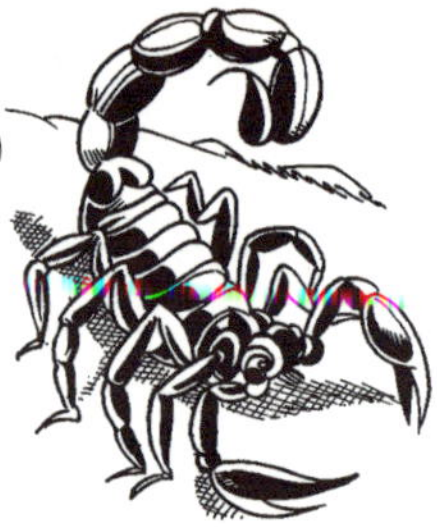

2

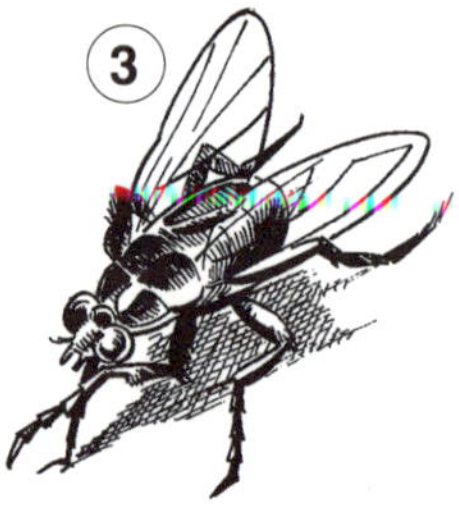

3

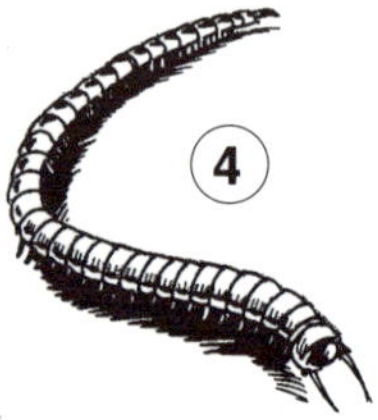

4

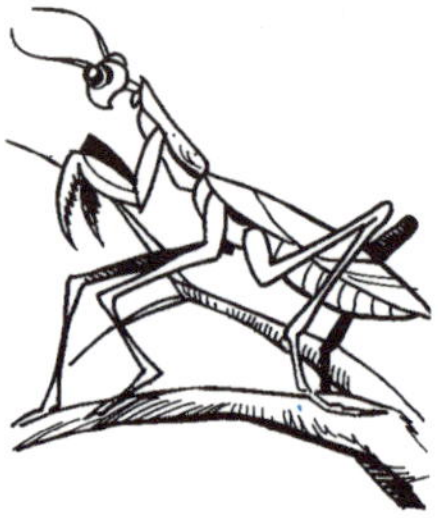

5

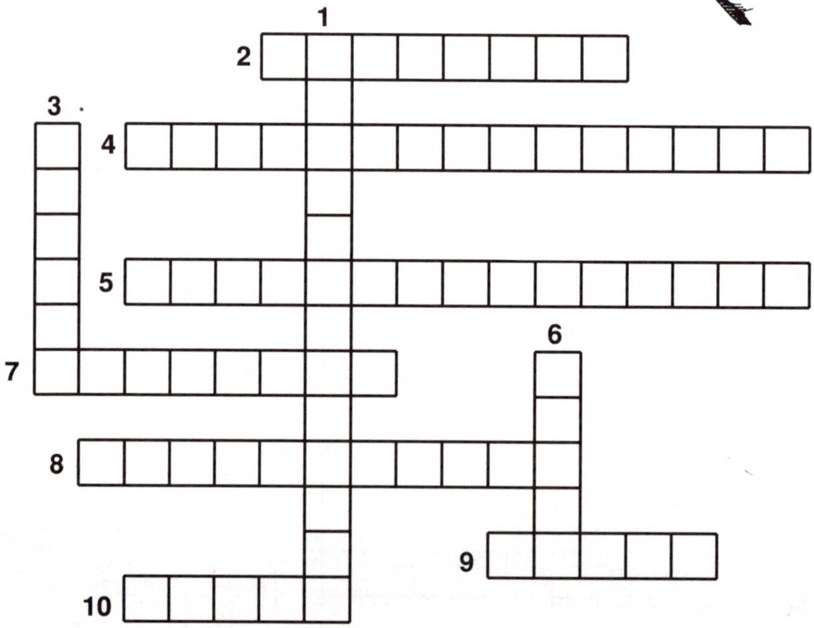

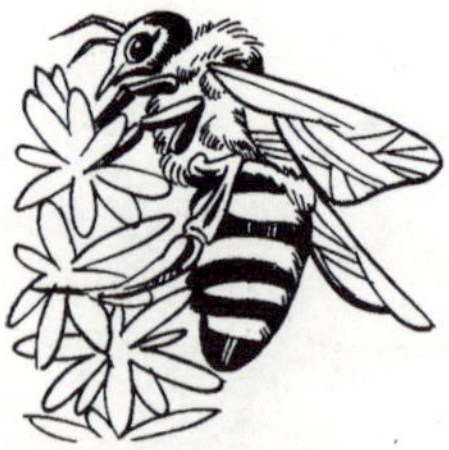

6

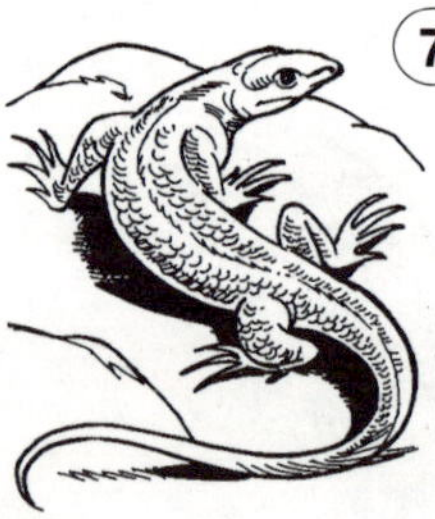

7

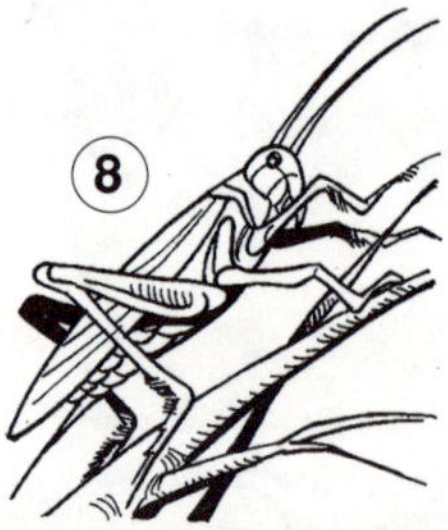

8

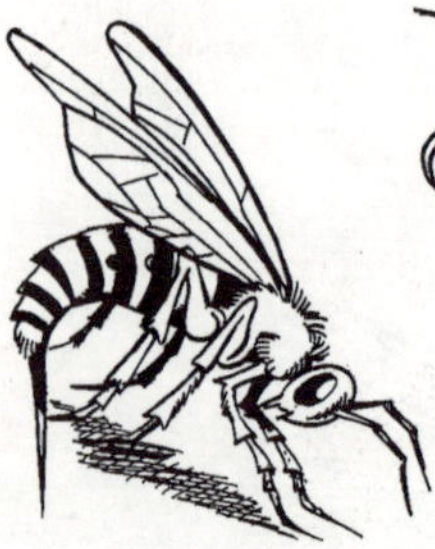

9

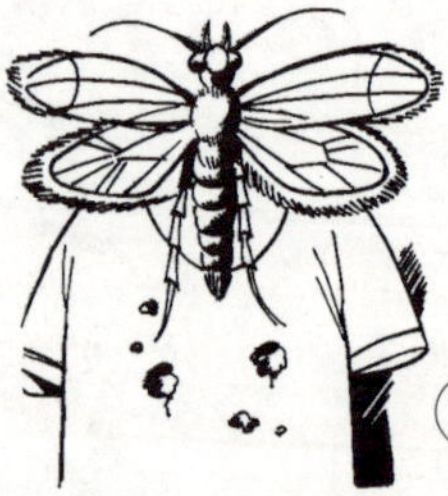

10

5

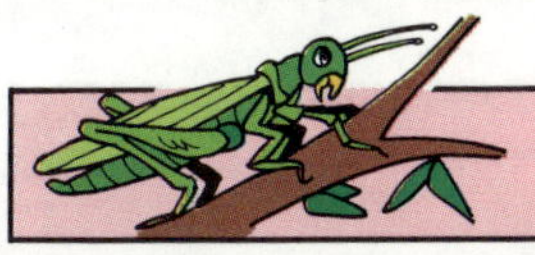

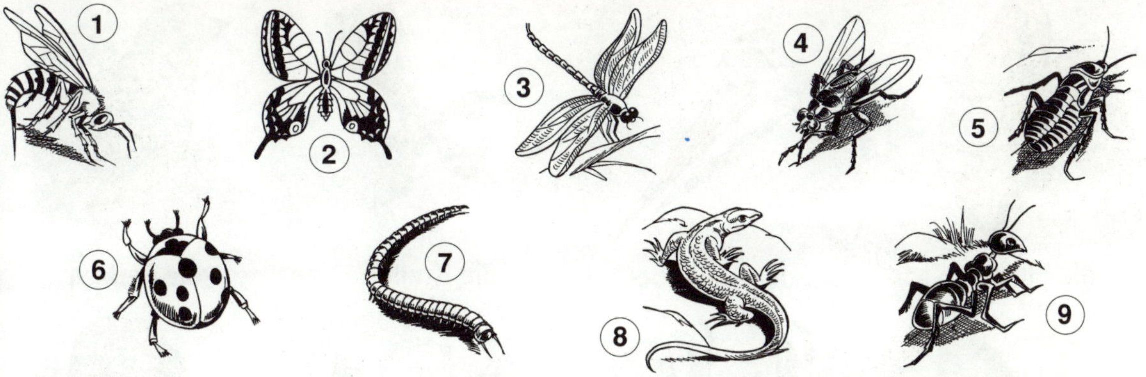

1
2
3
4
5
6
7
8
9

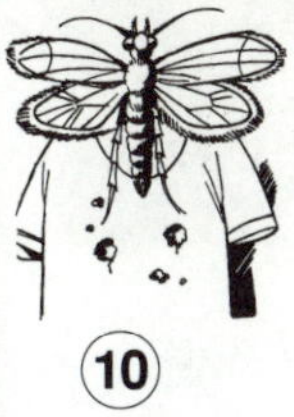

10

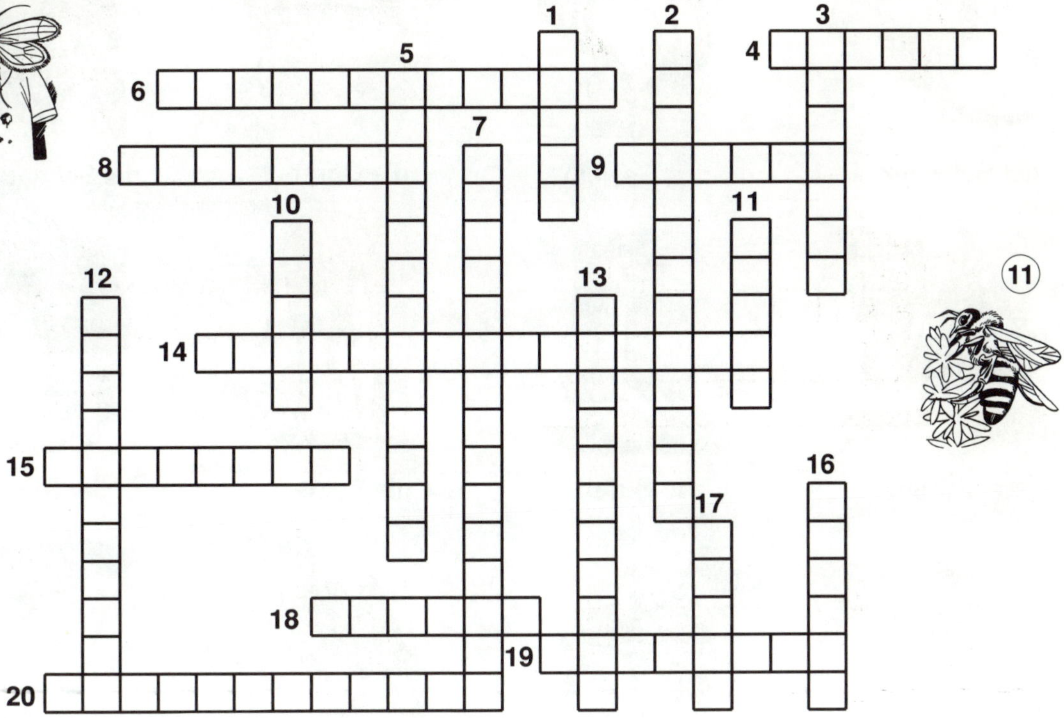

1
2
3
4
5
6
7
8
9
10
11
12
13
14
15
16
17
18
19
20
11

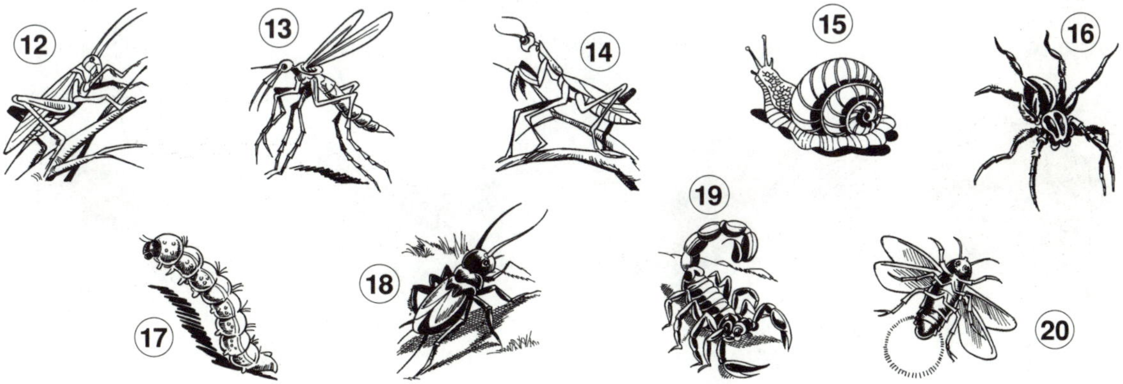

12
13
14
15
16
17
18
19
20

die Flügel

der Schnabel

die Krallen

die Federn

der Schwanz

das Geweih

die Ohren

die Schnauze

die Mähne

die Hufe

die Beine

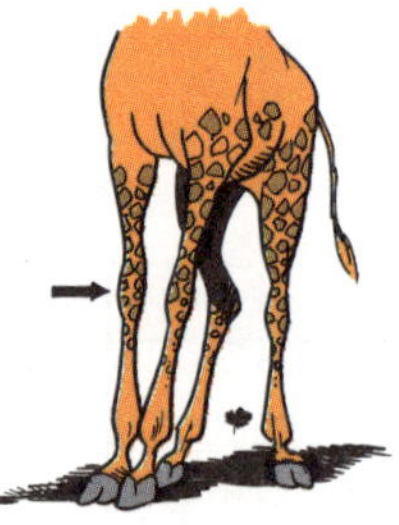

der Rüssel

die Stoßzähne

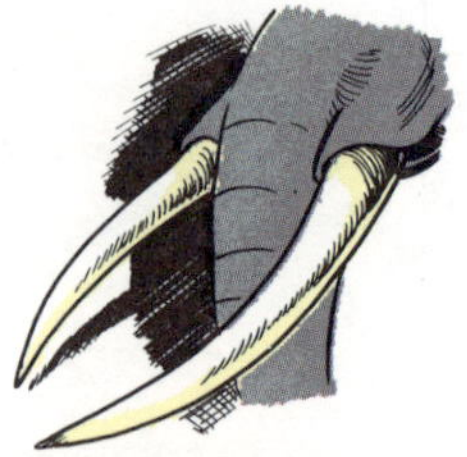

die Schuppen

die Kiemen

die Flossen

der Pelz

die Klauen

die Fühler

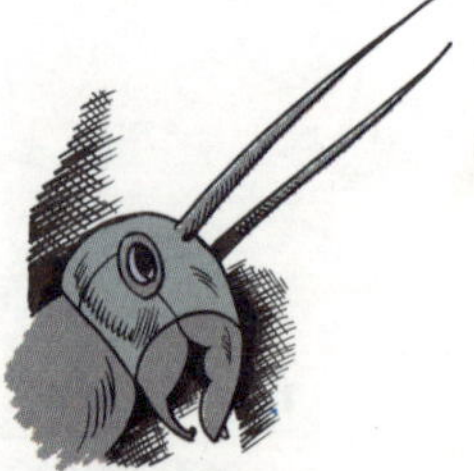

der Stachel

1

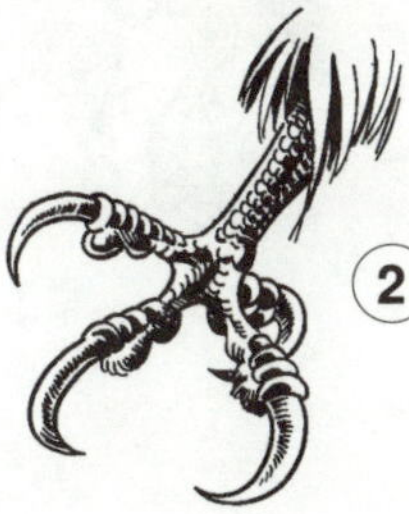

2

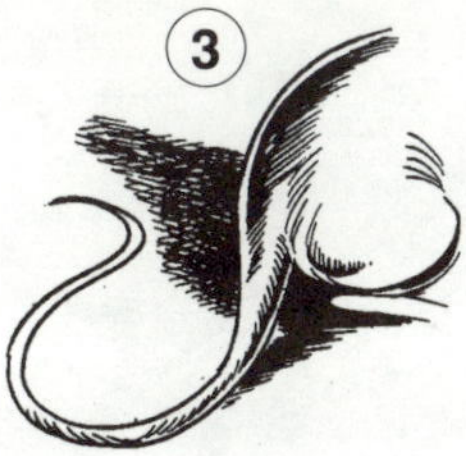

3

4

5

6

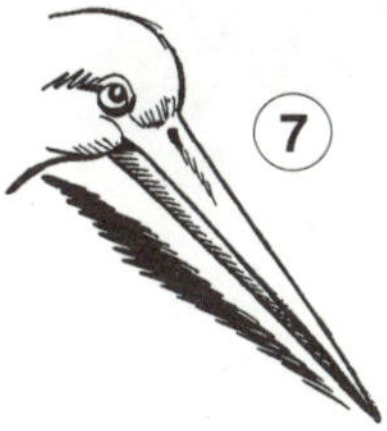

7

8

9

10

1

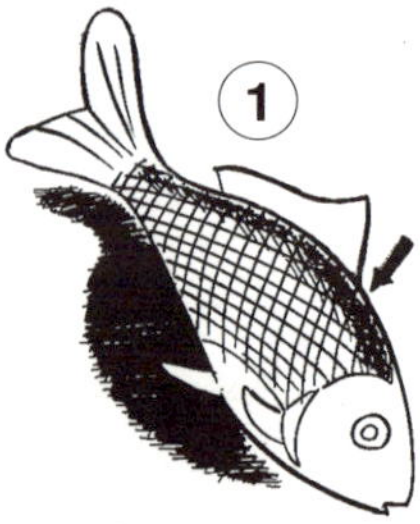

2

3

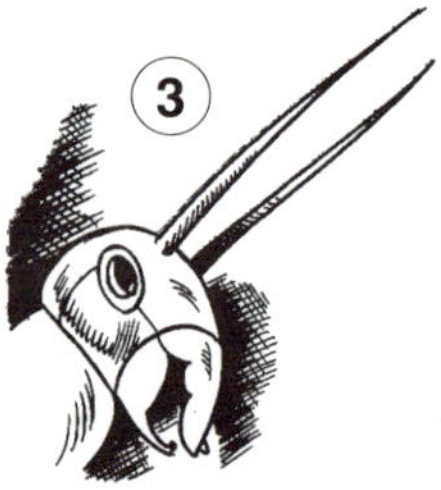

4

5

6

7

8

9

10

1 2 3 4 5 6 7 8 9 10

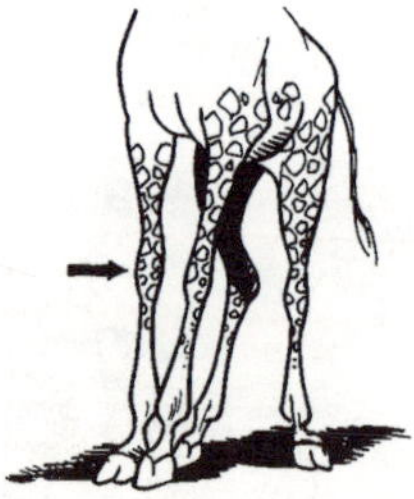

1

2

3

4

5

6

1
2 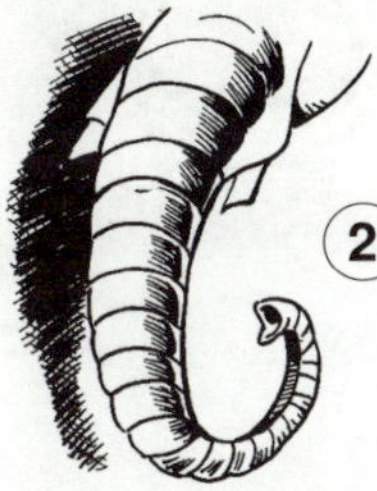
3 
4 
5 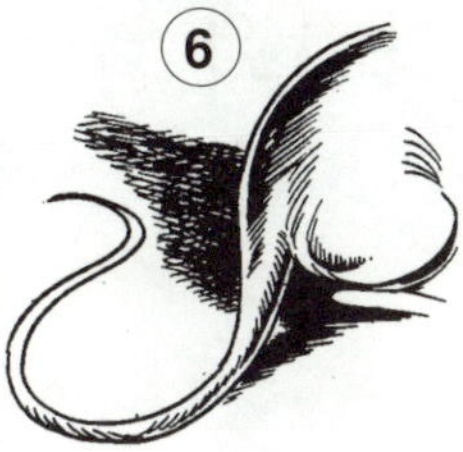   6 
7 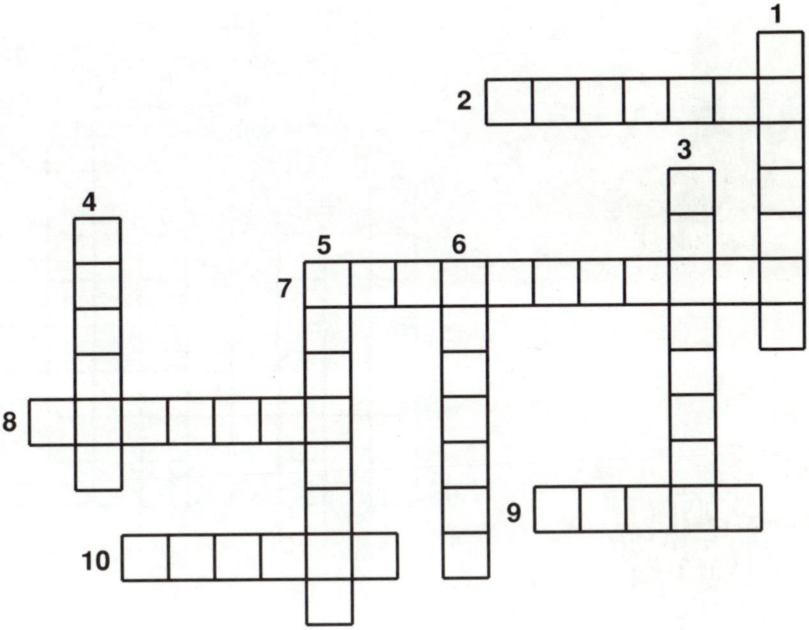 
8 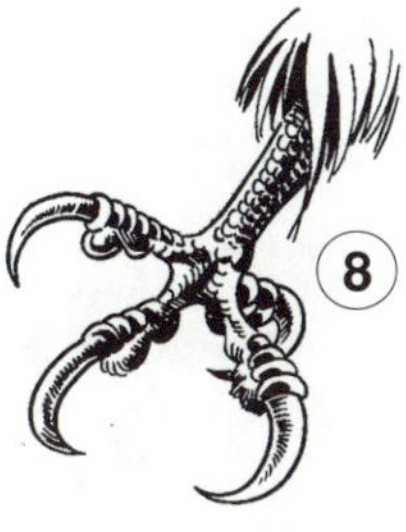
9 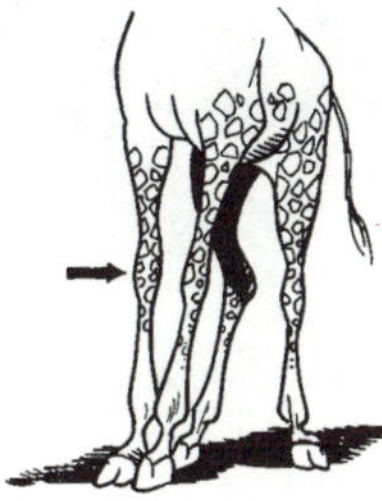
10 
7
8
9
10

(1) (2)  (3) 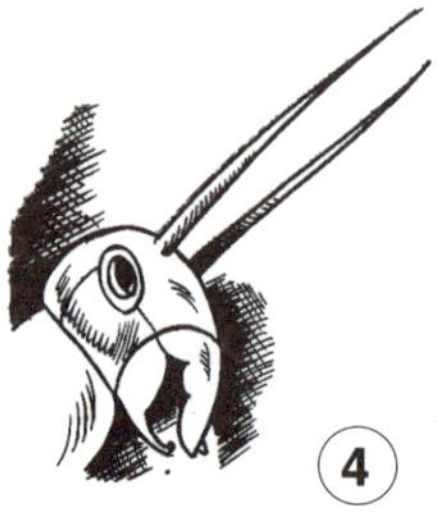 (4)  (5)   (6) (7) (8) (9) (10)

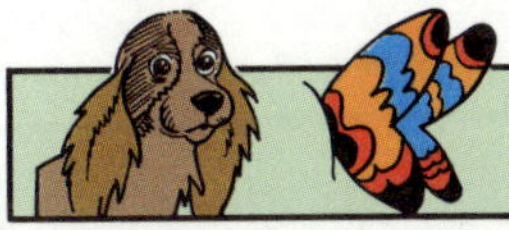

5

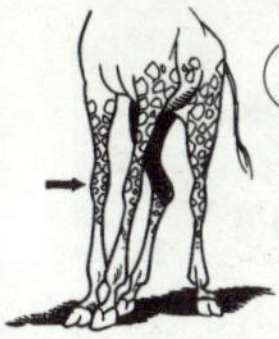
1

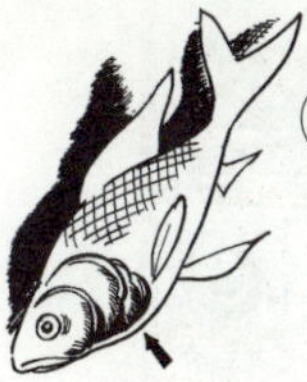
2

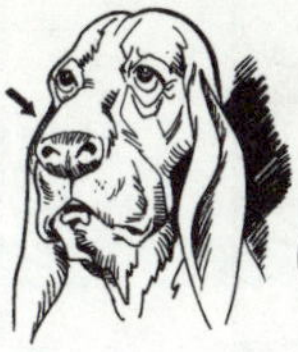
3

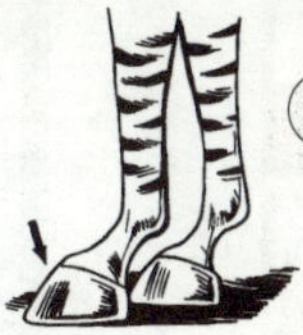
4

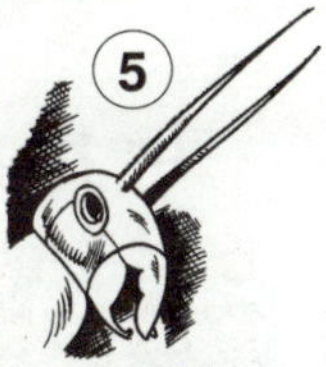
5

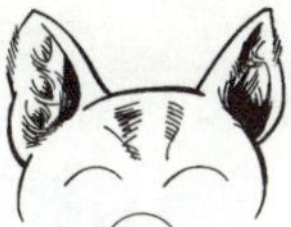
6

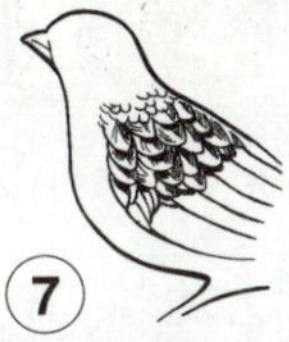
7

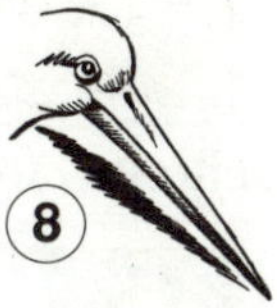
8

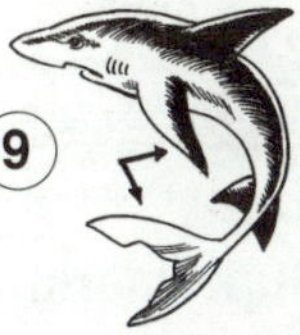
9

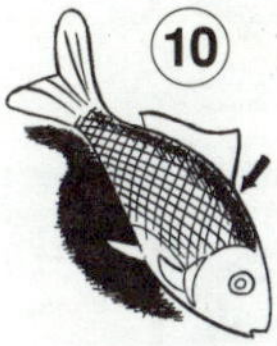
10

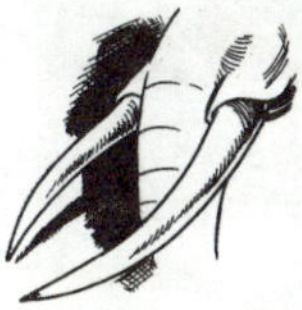
11

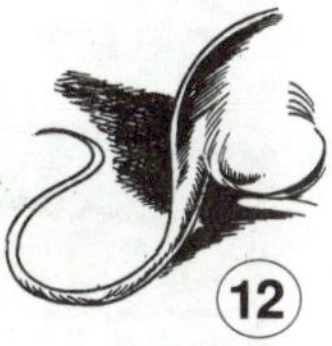
12

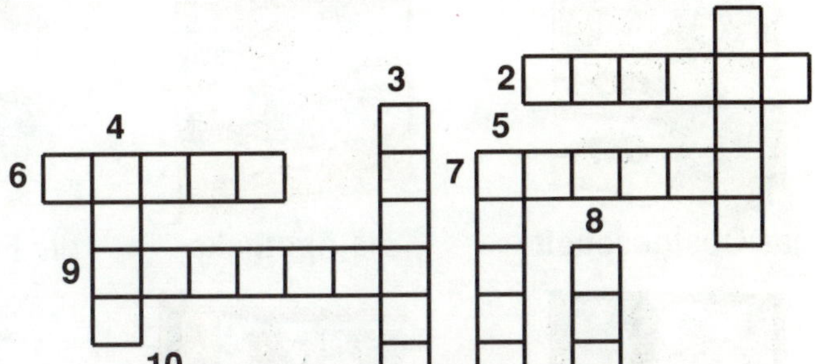

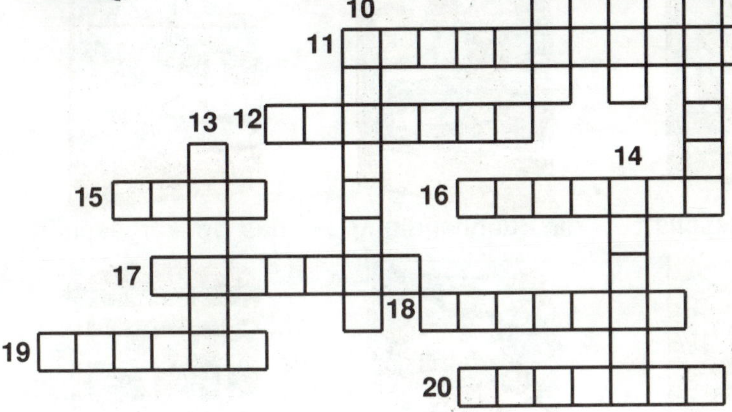

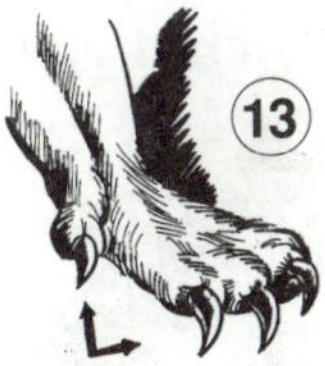
13

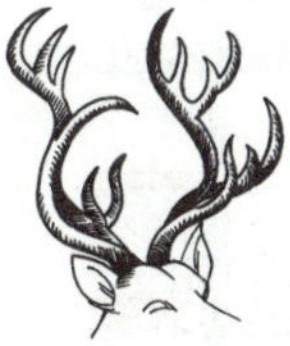
14

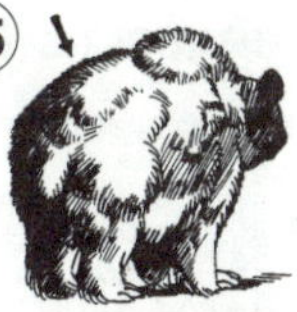
15

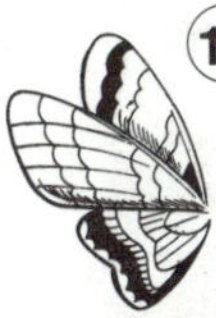
16

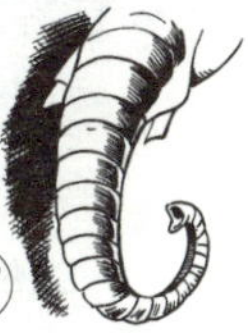
17

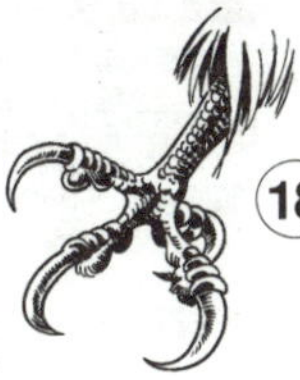
18

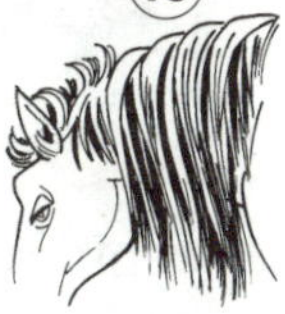
19

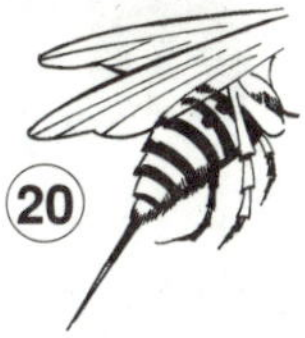
20

das Schreibwarengeschäft

der Blumenladen

das Juweliergeschäft

die Bäckerei

das Obstgeschäft

die Apotheke

die Fischhandlung

der Supermarkt

das Schuhgeschäft

die Buchhandlung

das Optikergeschäft

die Metzgerei

die Boutique

das Spielwarengeschäft

der Zeitungskiosk

das Reisebüro

die Cafeteria

der Damenfriseursalon

der Herrenfriseursalon

die Schneiderei

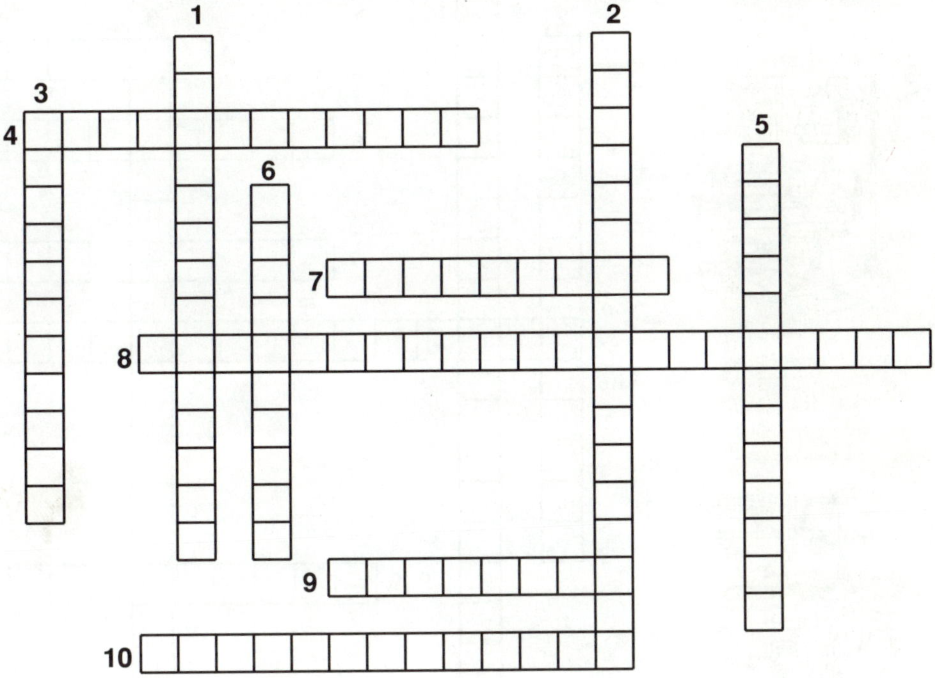

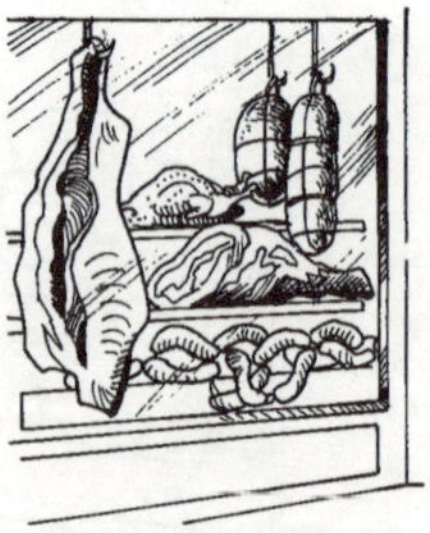

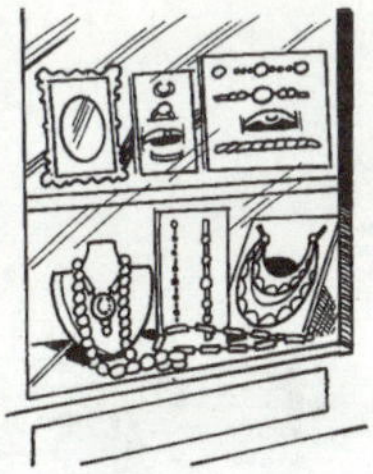

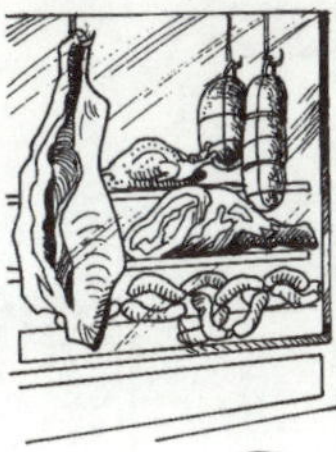

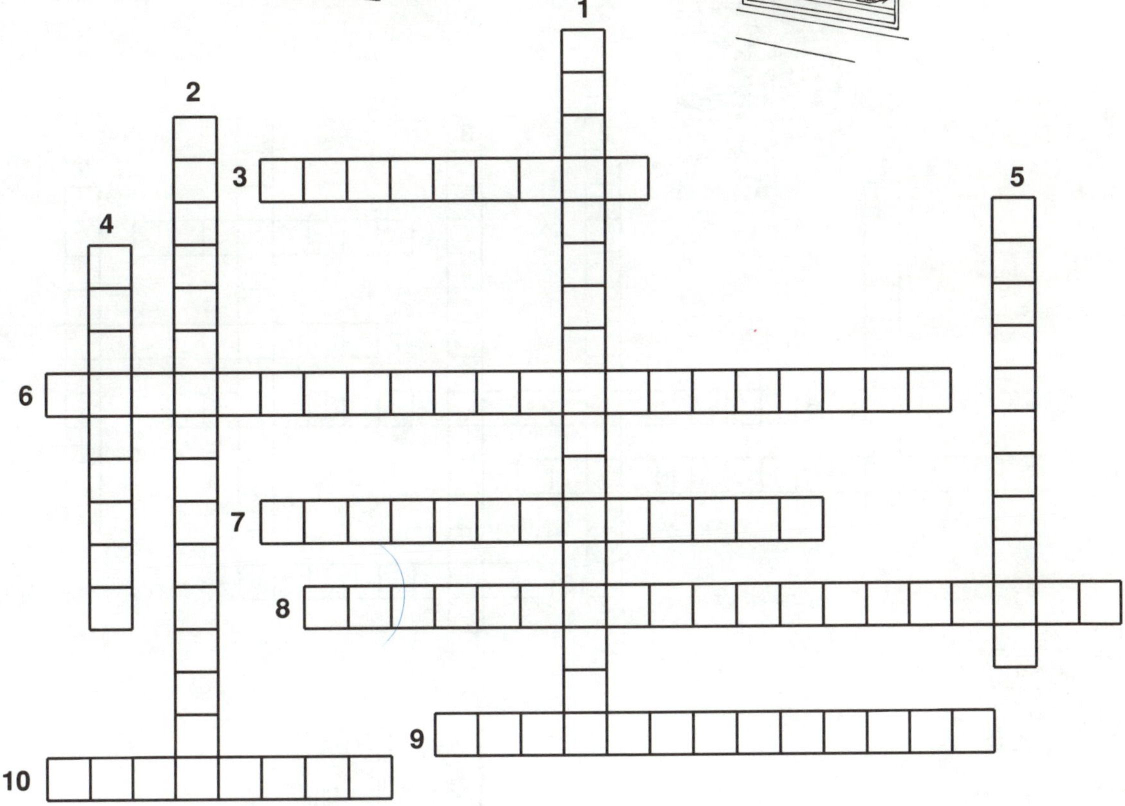

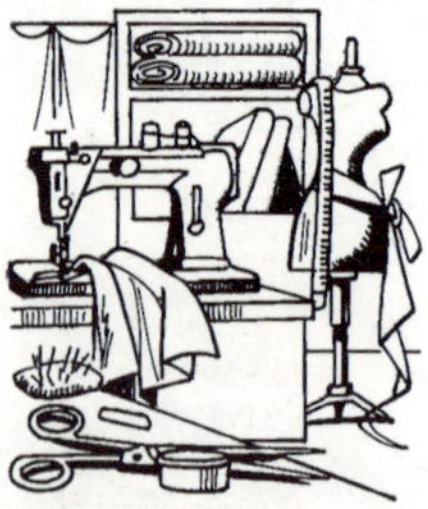

5

1
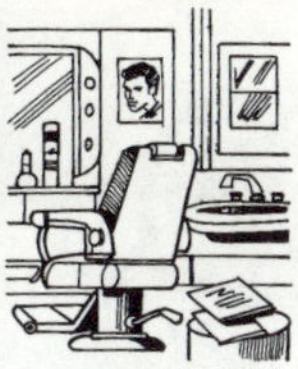

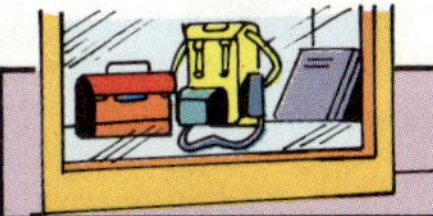

2
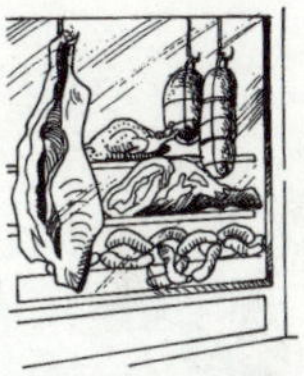

3
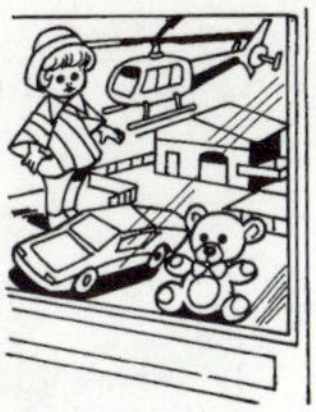

4
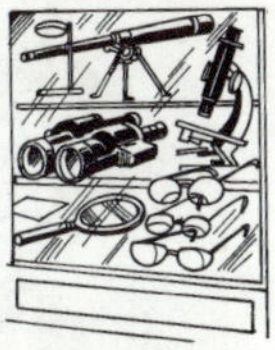

5
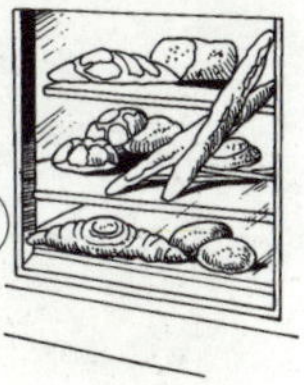

6
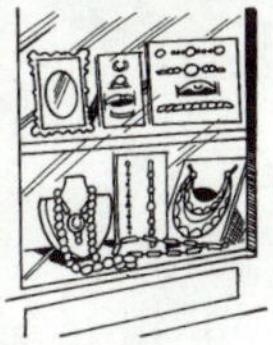

7
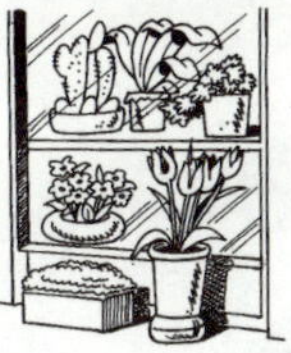

8
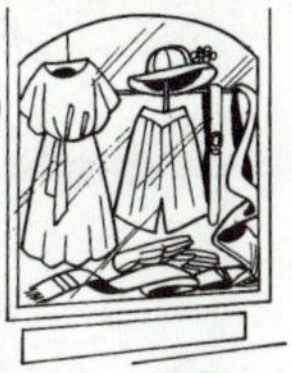

9
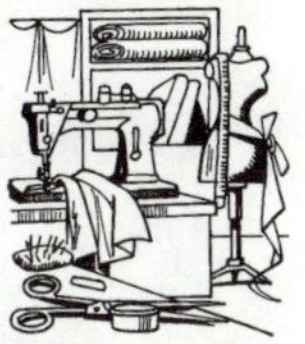

10
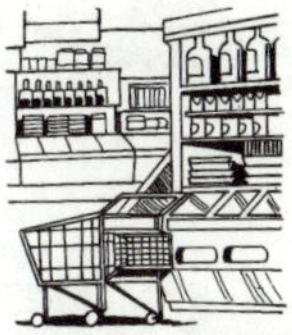

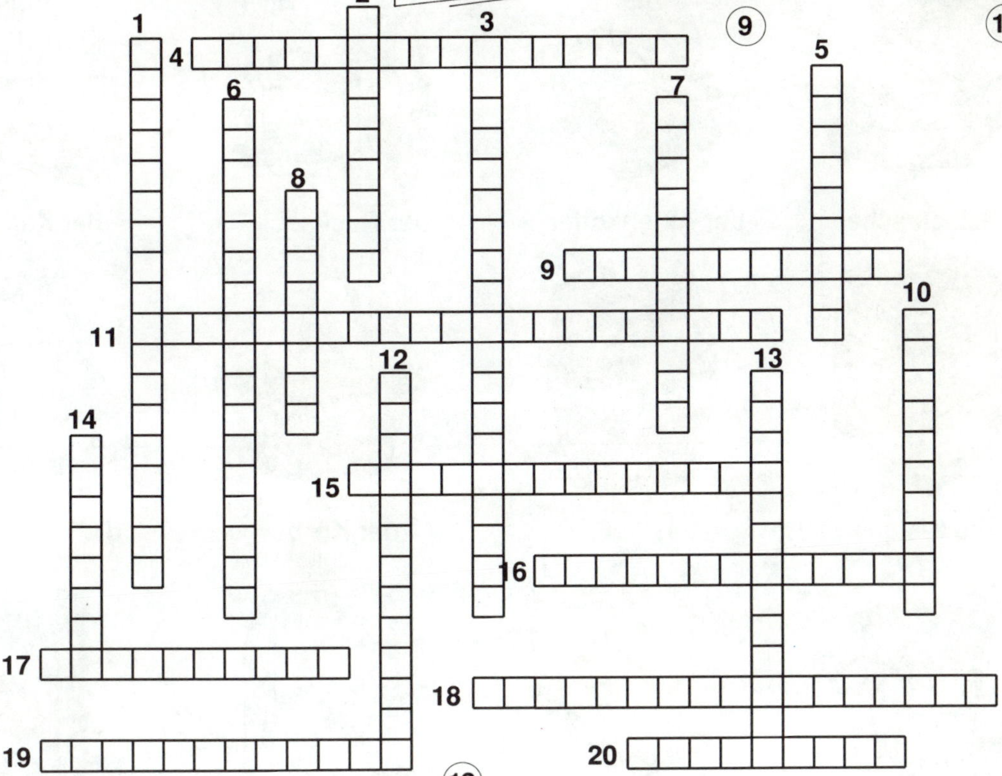

11
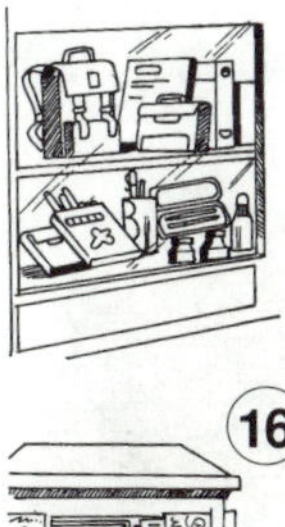

12
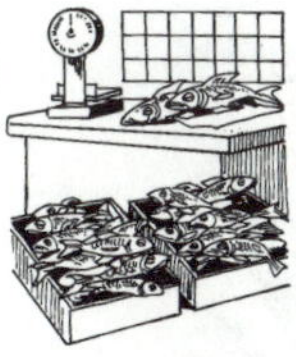

13
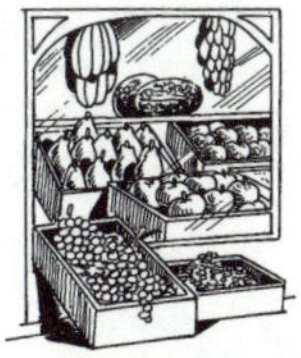

14
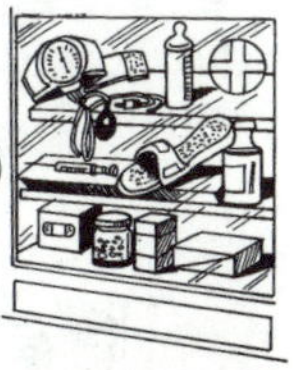

15
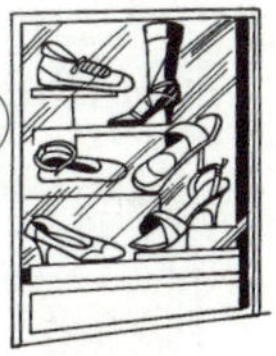

16
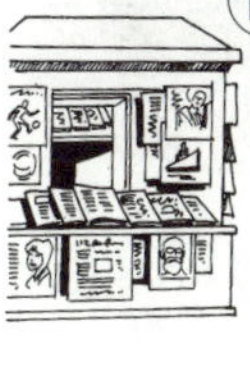

17
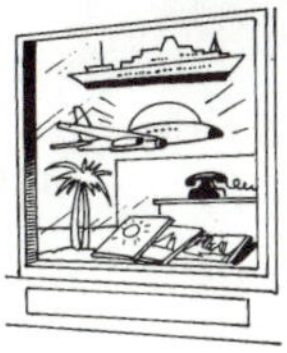

18
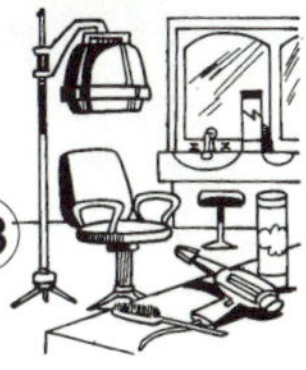

19
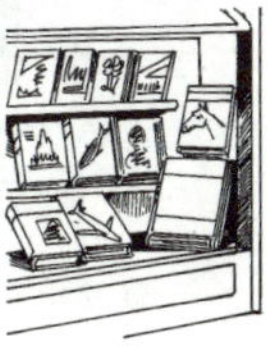

20
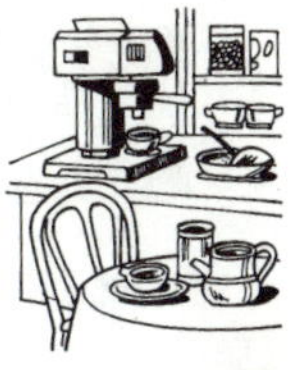

GEPÄCKSTÜCKE UND BEHÄLTER

die Handtasche

die Brieftasche

das Portemonnaie

der Koffer

die Reisetasche

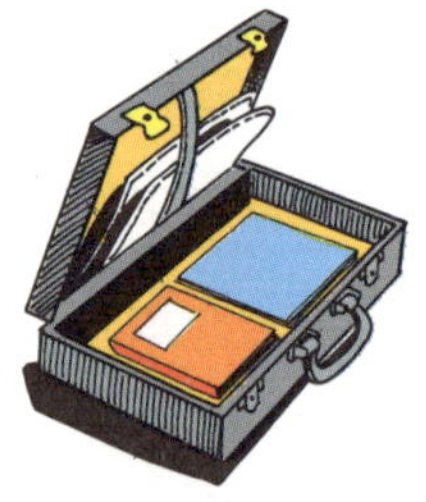

der Aktenkoffer

der Rucksack

der Käfig

die Kiste

das Faß

der Korb

die Tüte

der Eimer

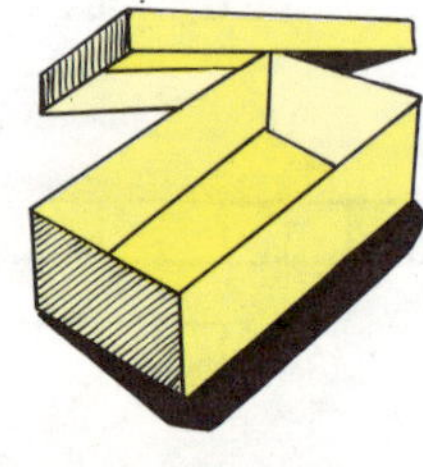

die Schachtel

der Kanister

die Dose

das Glas

die Flasche

die Tube

der Sack

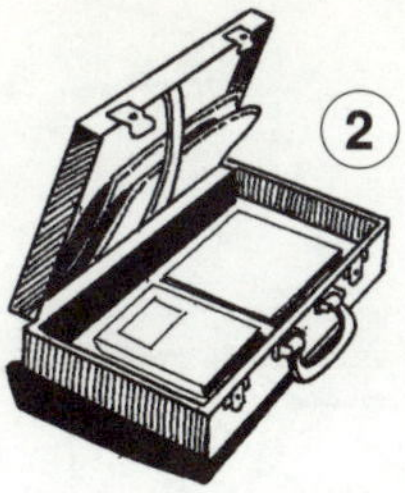

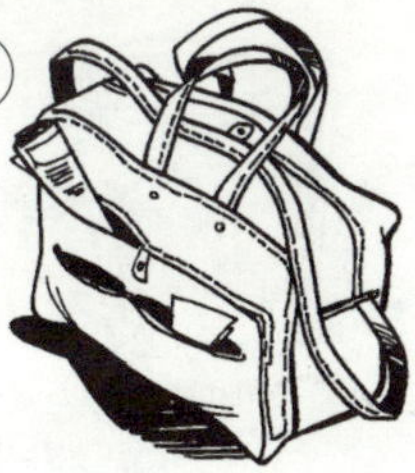

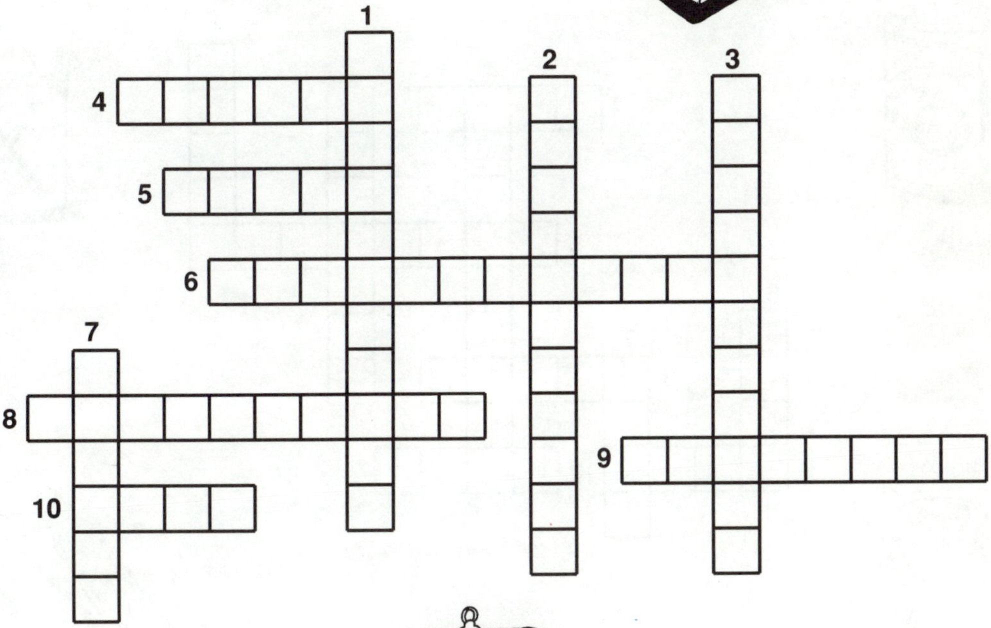

(1)

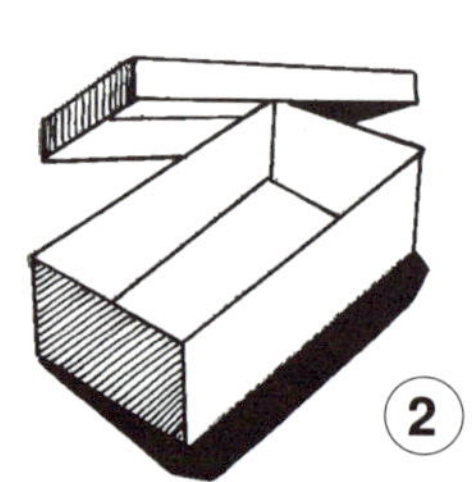

(2)

(3)

(4)

(5)

(6)

(7)

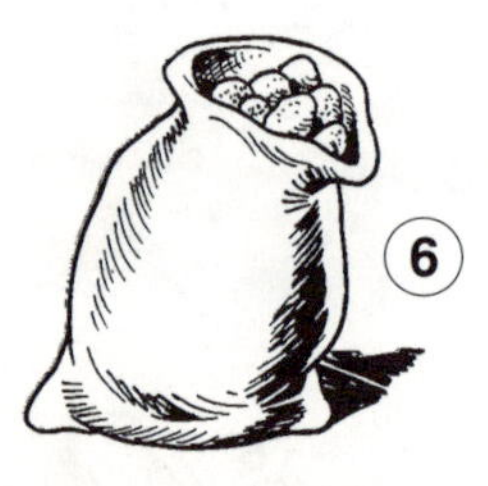

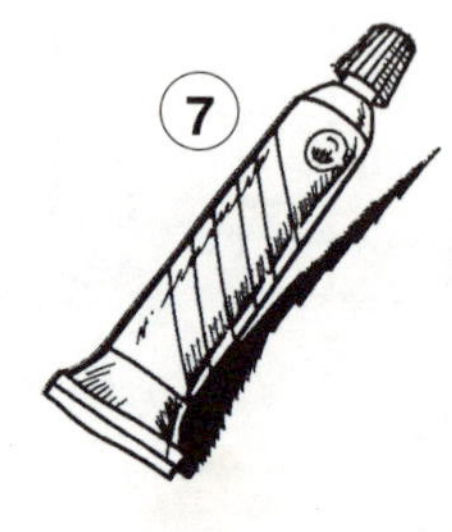

(8)

(9)

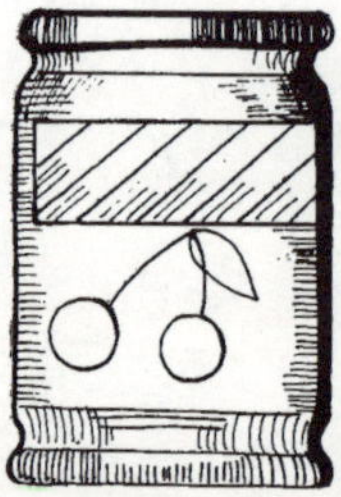

(10)

1

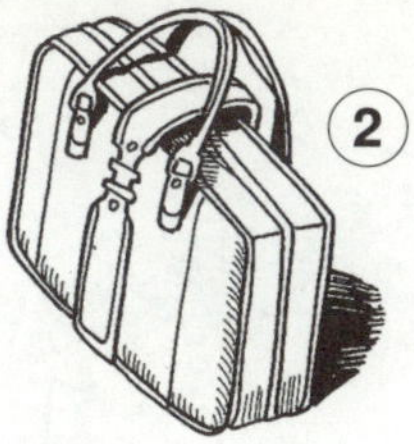

2

3

4

5

6

7

8

9

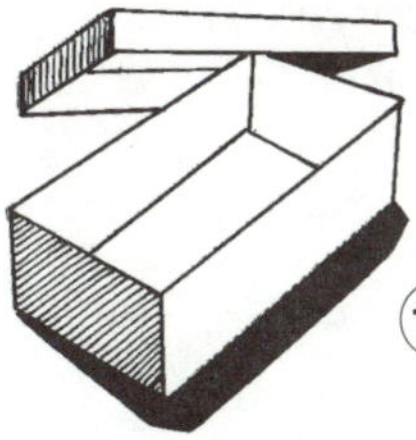

10

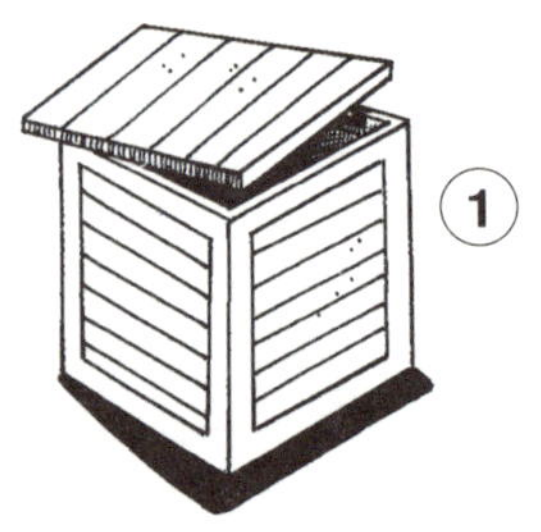

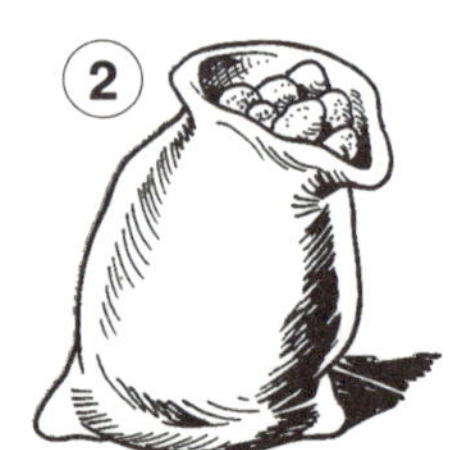

1

2

3

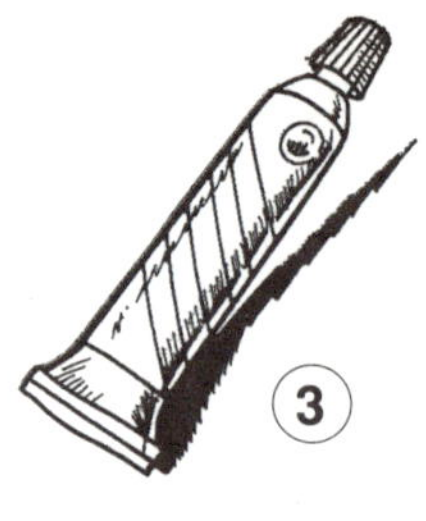

4

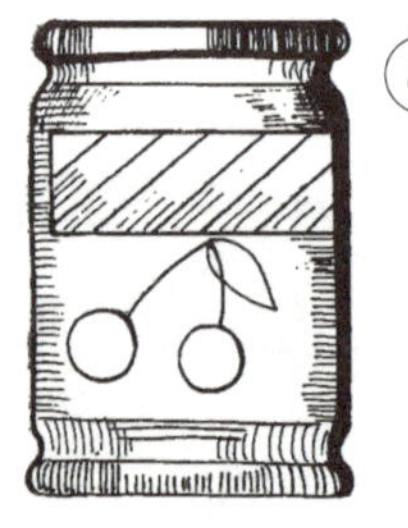

5

1   2   3

4

5

6

7

8

9

10

6

7

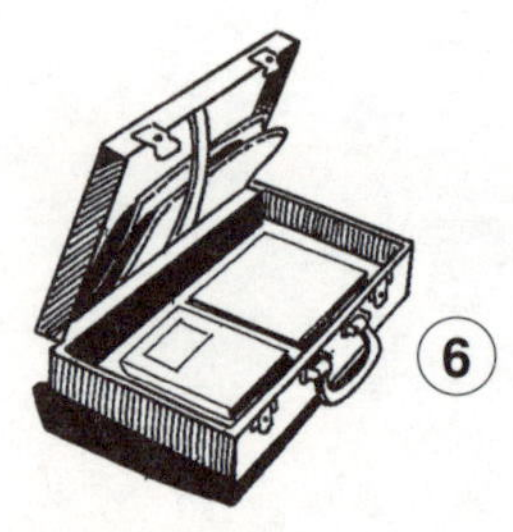

8

9

10

5

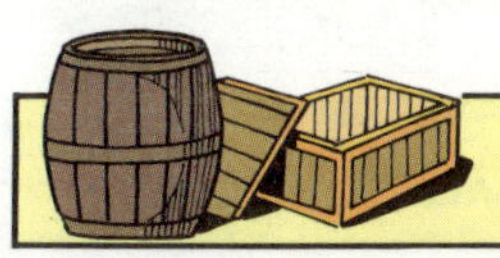

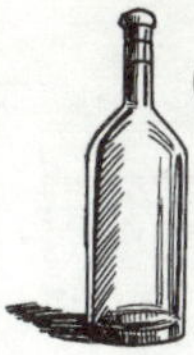
1

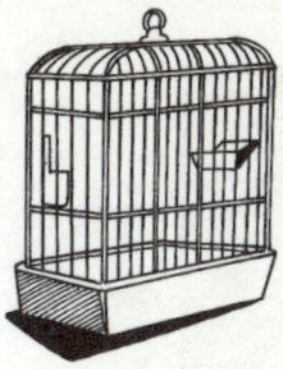
2

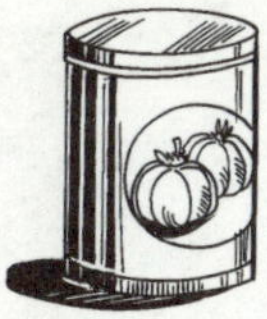
3

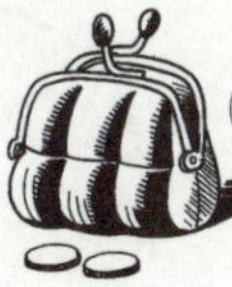
4

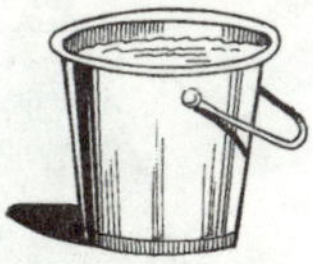
5

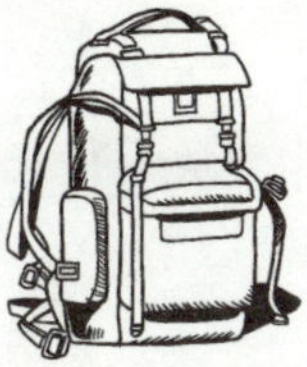
6

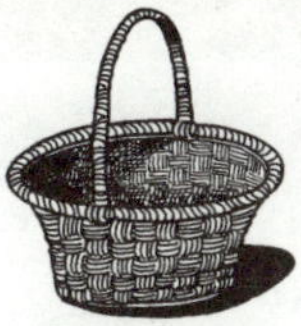
7

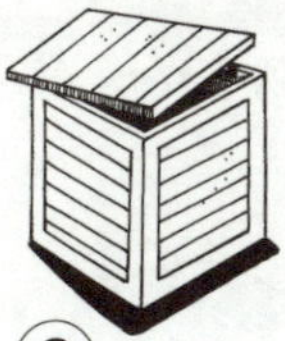
8

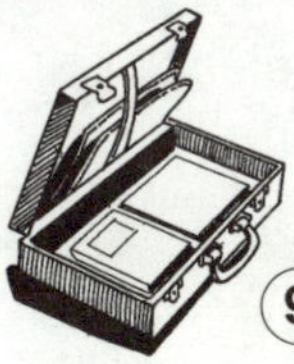
9

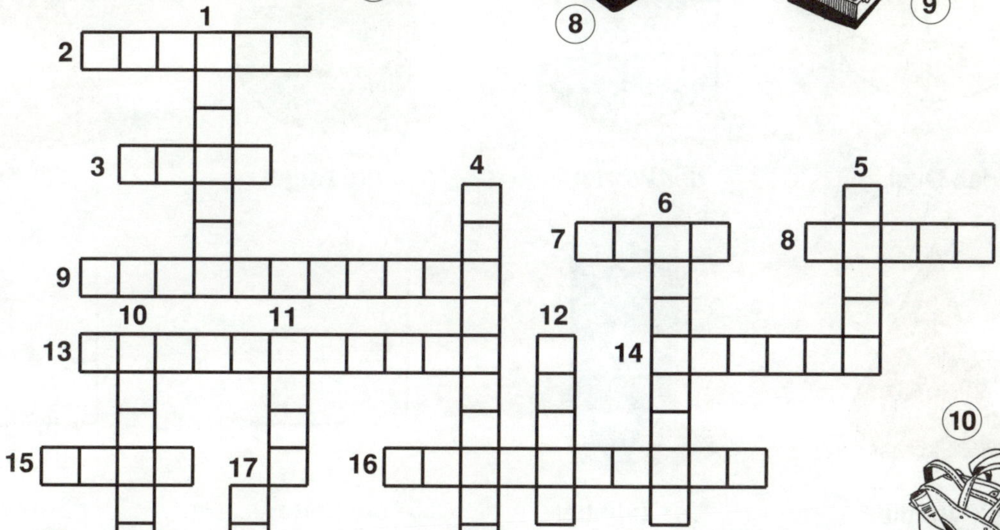

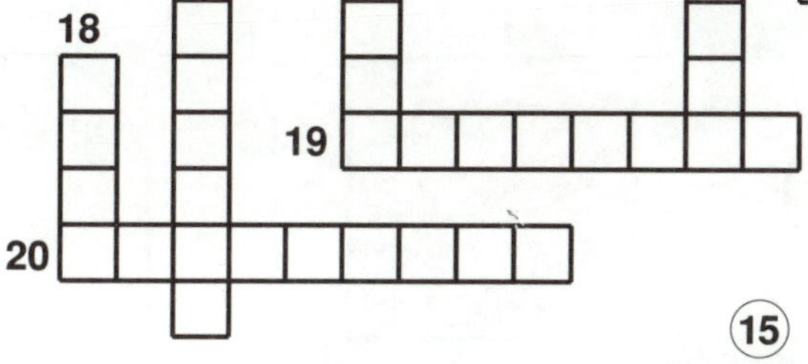

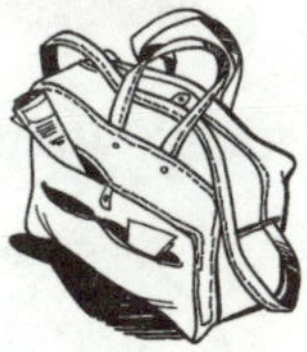
10

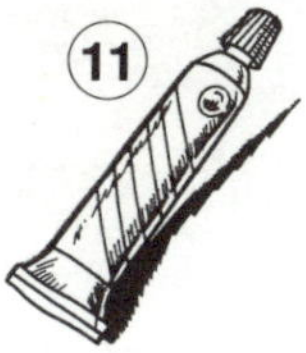
11

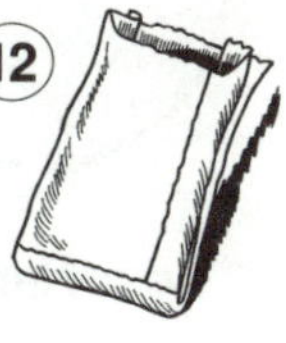
12

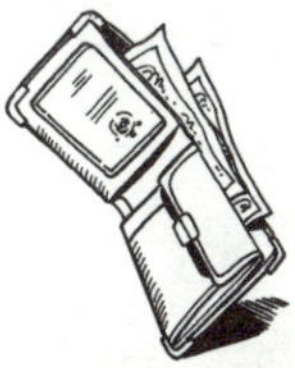
13

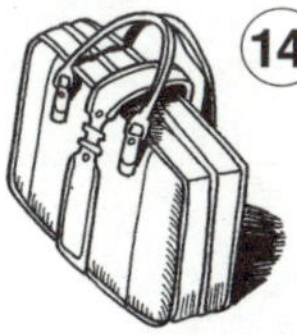
14

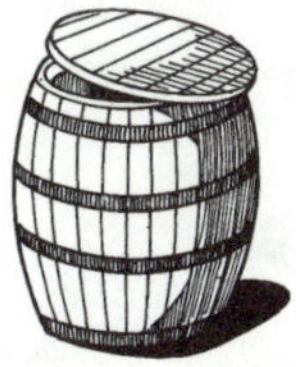
15

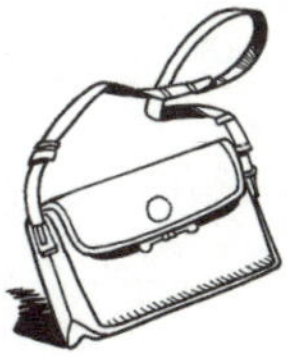
16

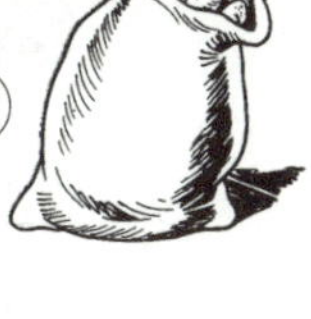
17

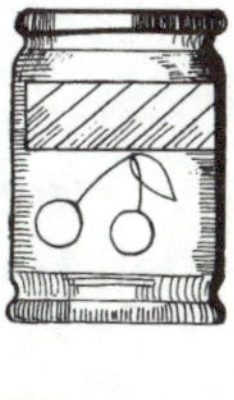
18

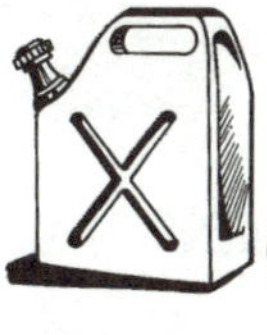
19

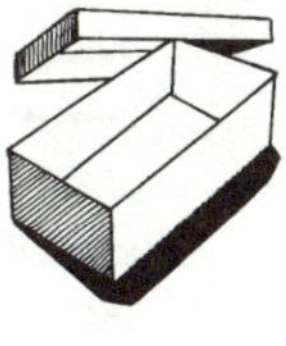
20

das Dreieck

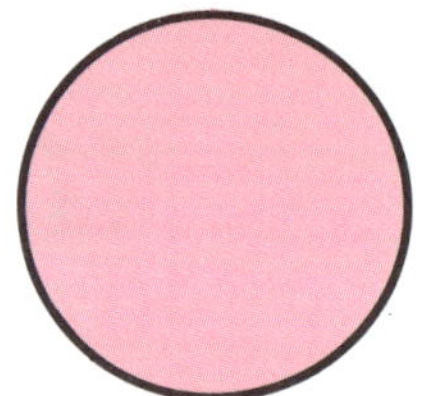

der Kreis

das Quadrat

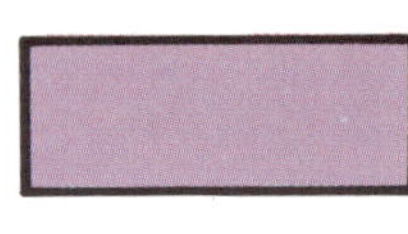

das Rechteck

das Oval

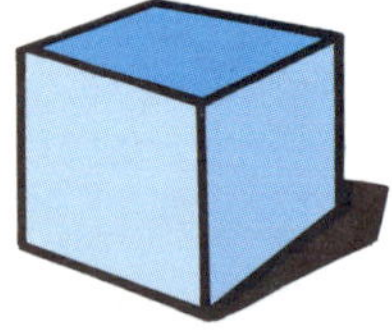

der Würfel

die Kugel

der Kegel

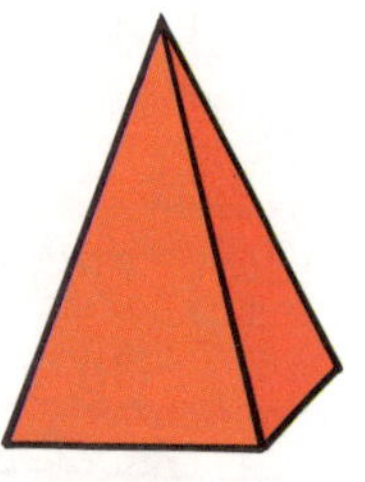

die Pyramide

der Zylinder

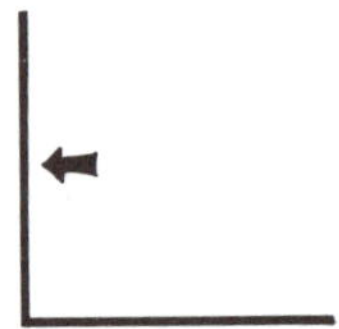

die Seite

der Winkel

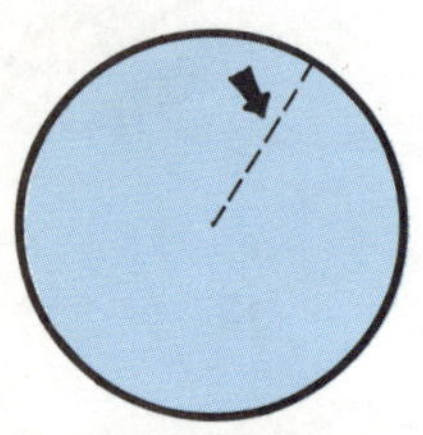

der Radius

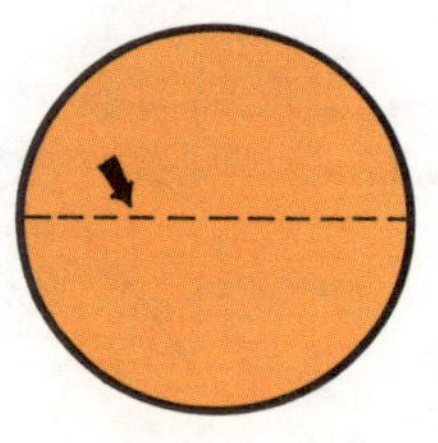

der Durchmesser

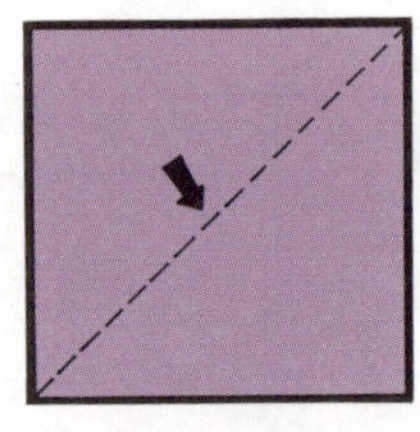

die Diagonale

die Kurve

die Spirale

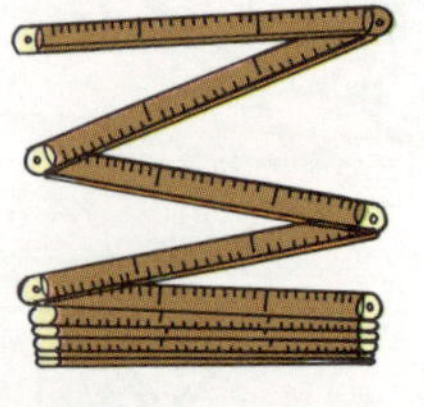

der(das) Meter

der(das) Liter

das Kilo

① ② ③ 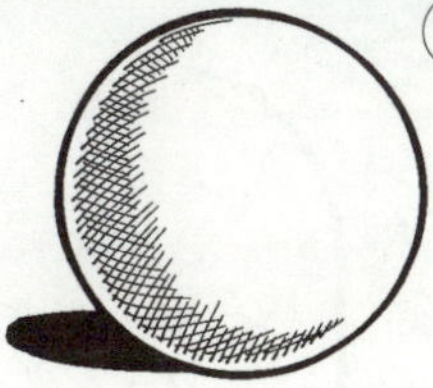 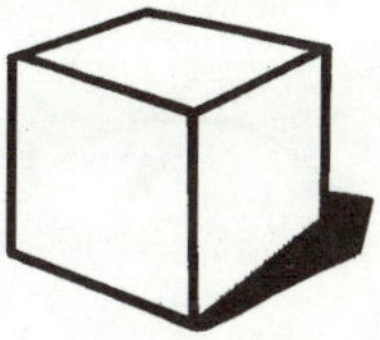 ④

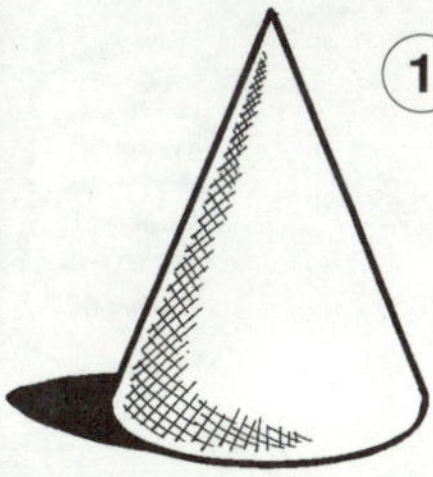

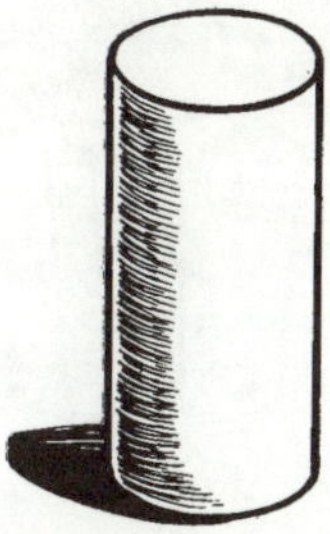

⑤

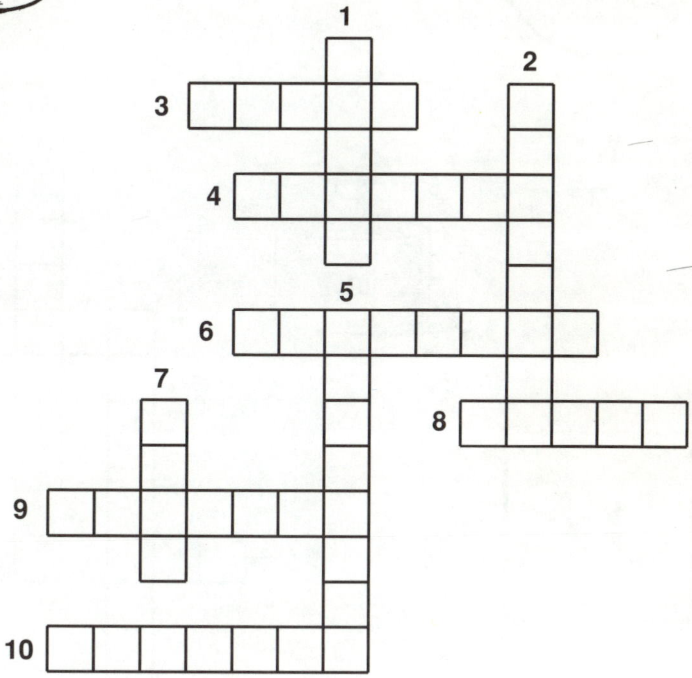

⑥

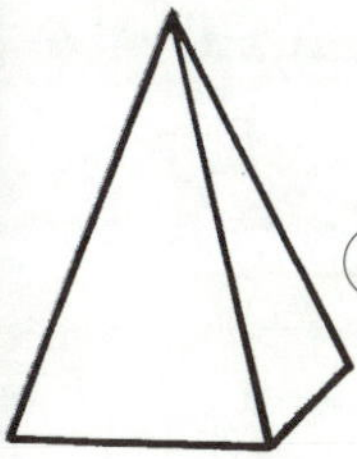

⑦

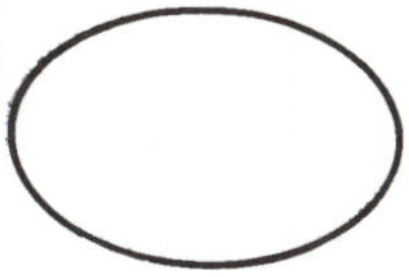

⑧ ⑨ ⑩

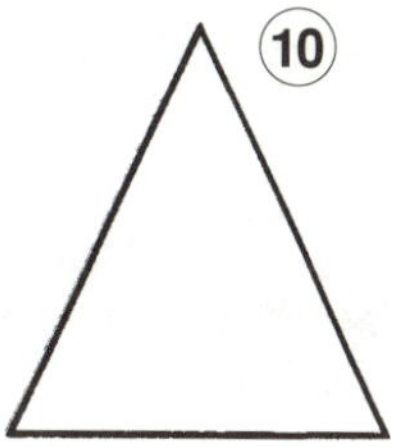

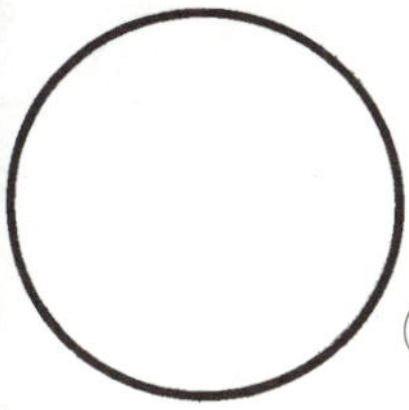

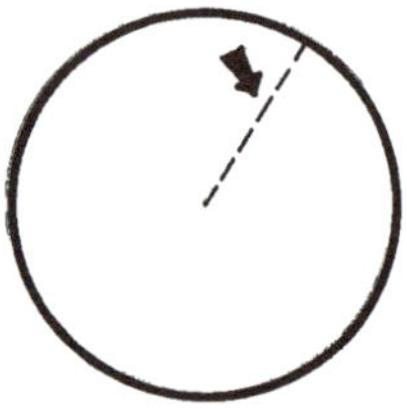

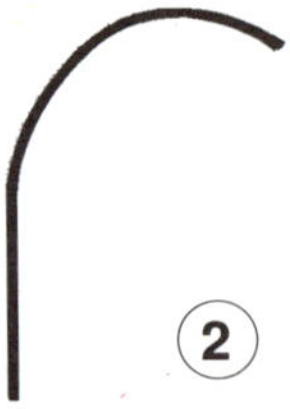

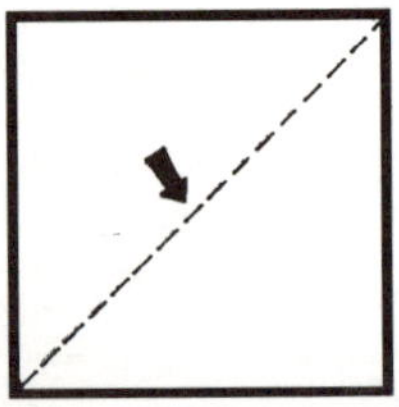

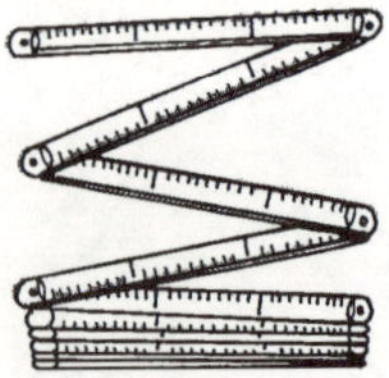

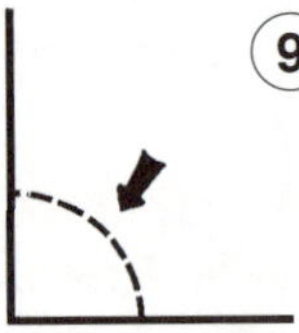

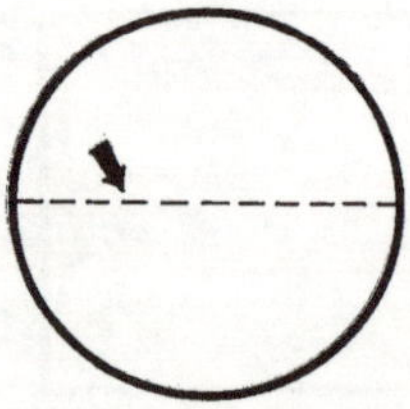

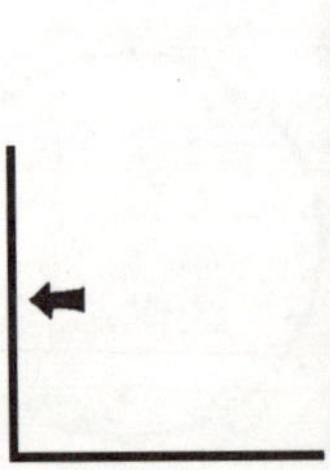

① ② ③ ④ ⑤ ⑥ ⑦ ⑧ ⑨ ⑩

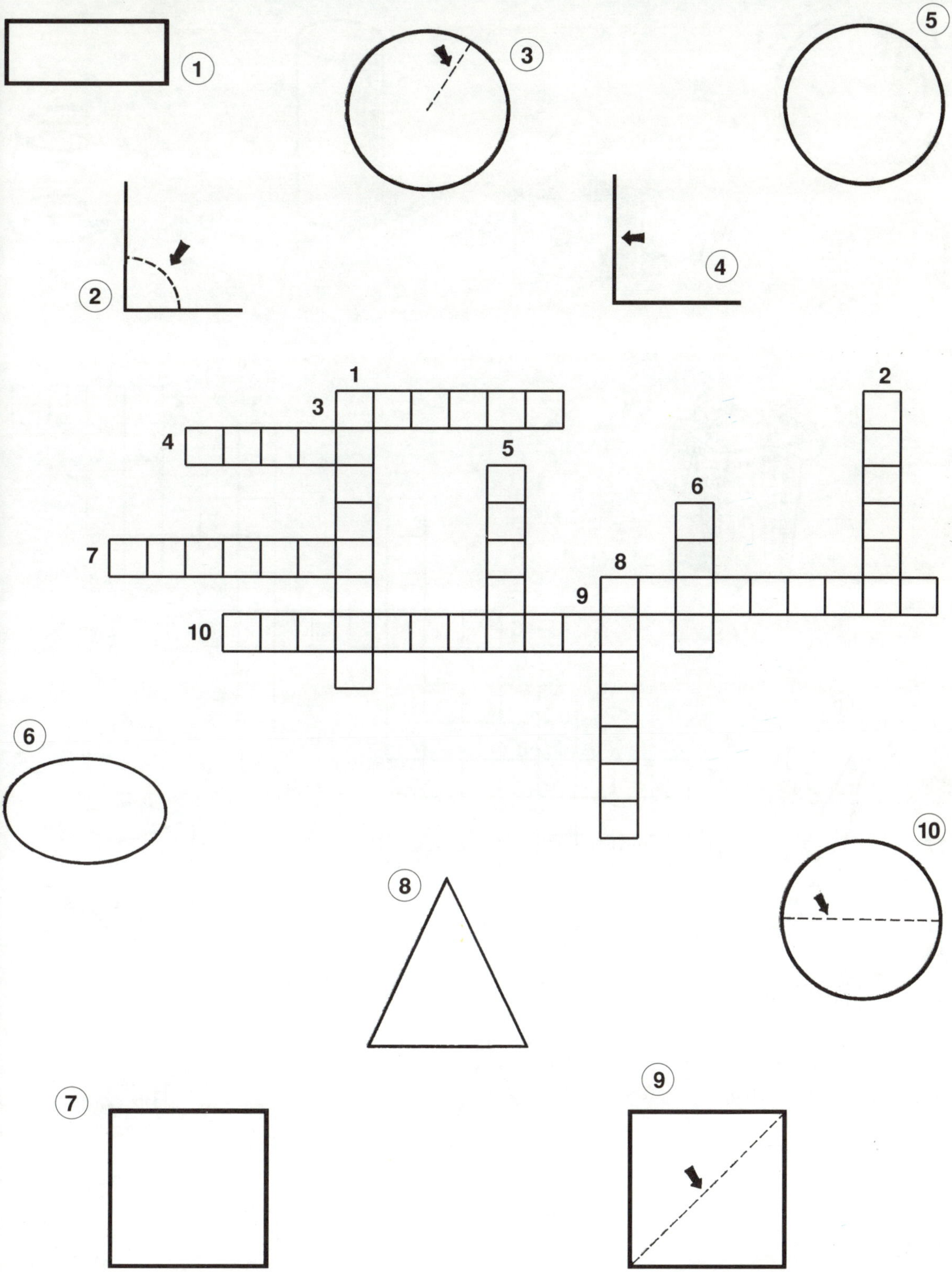

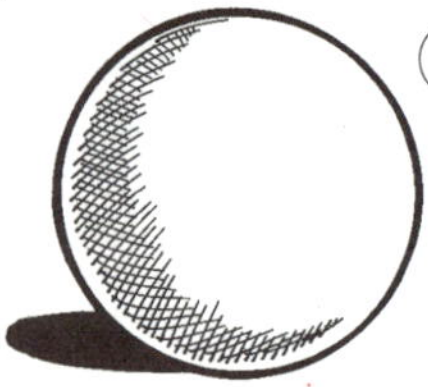

1

2

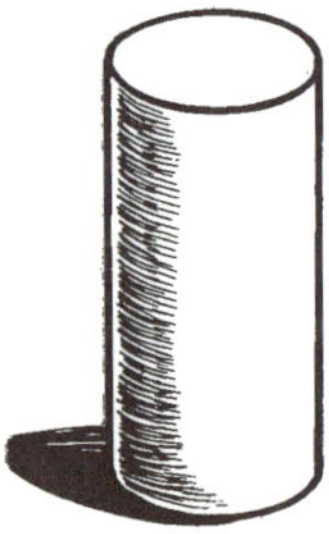

3

4

5

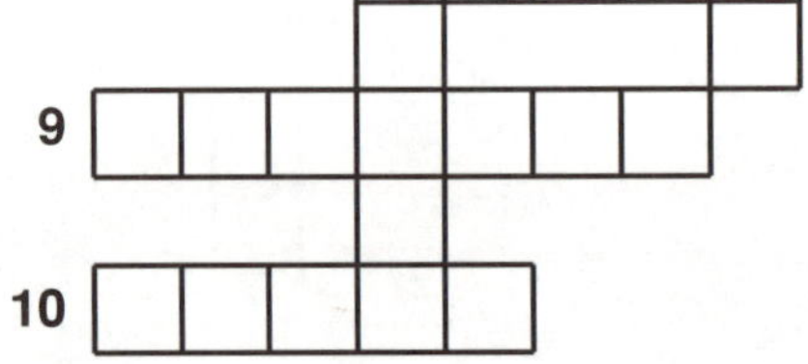

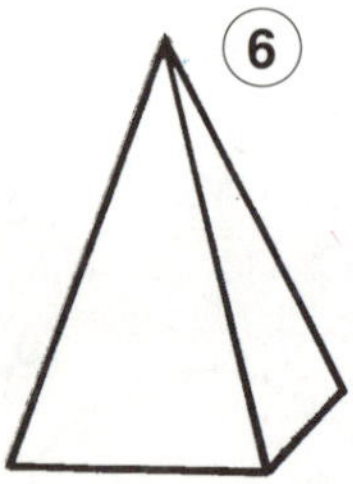

6

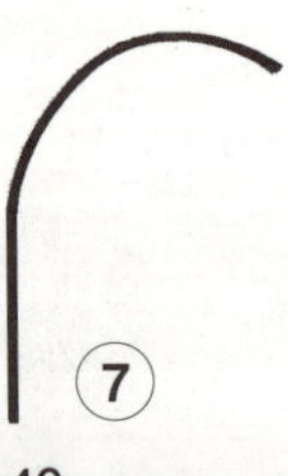

7

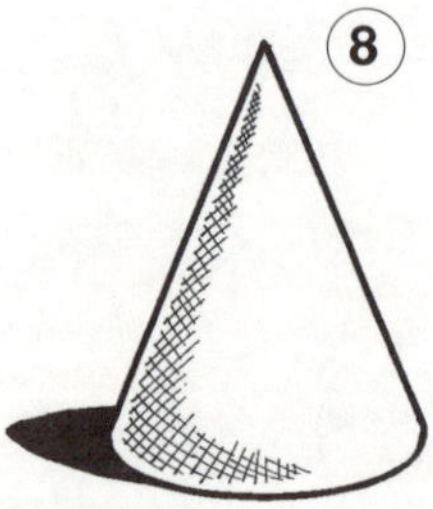

8

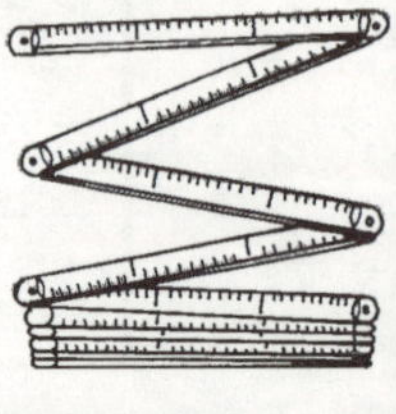

9

10

1
2
3
4
5
6
7
8
9
10

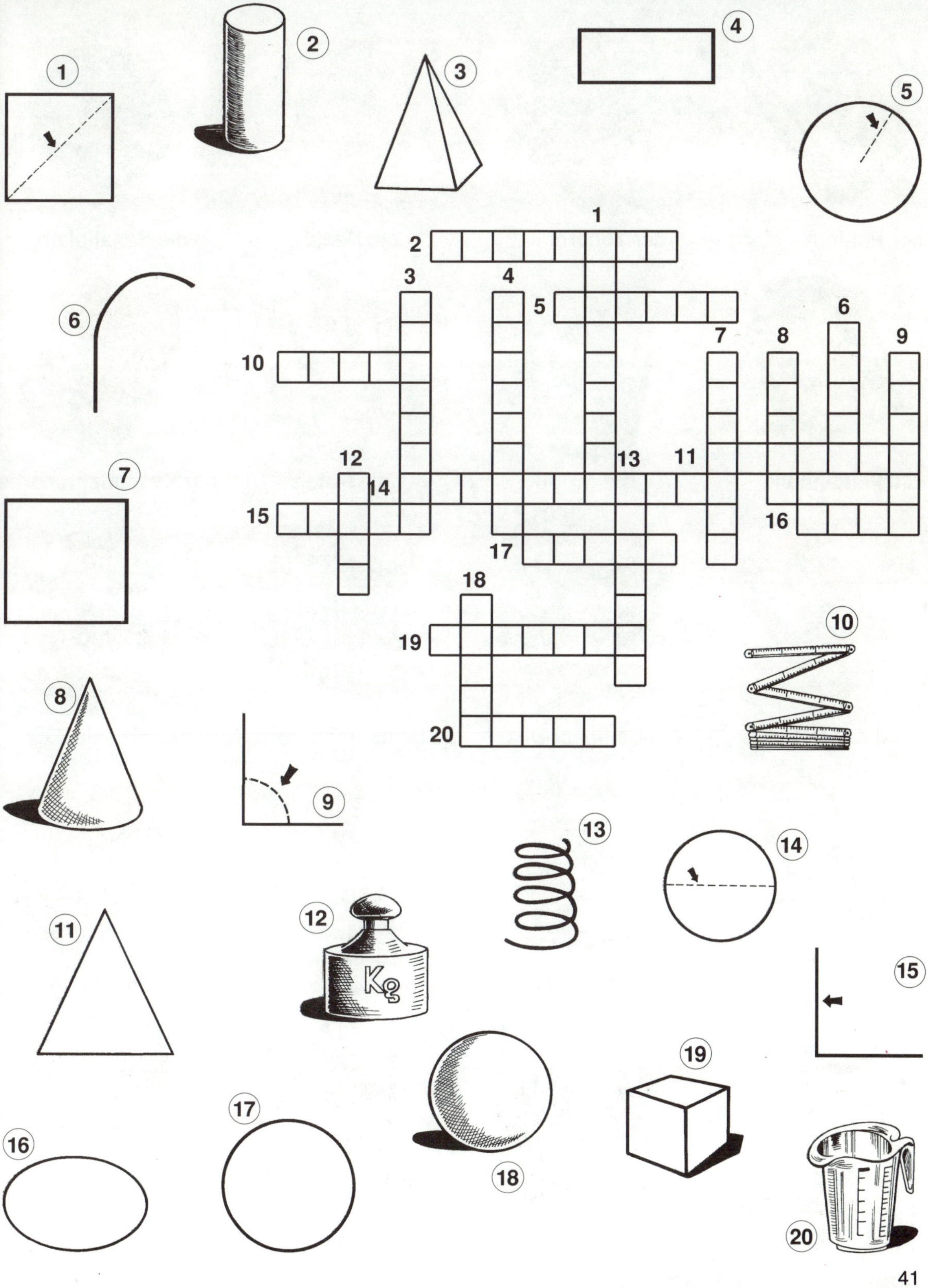

MUSIK HÖREN

der Plattenspieler

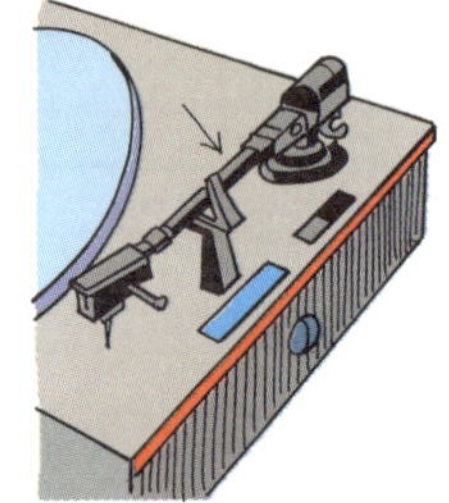

der Tonarm

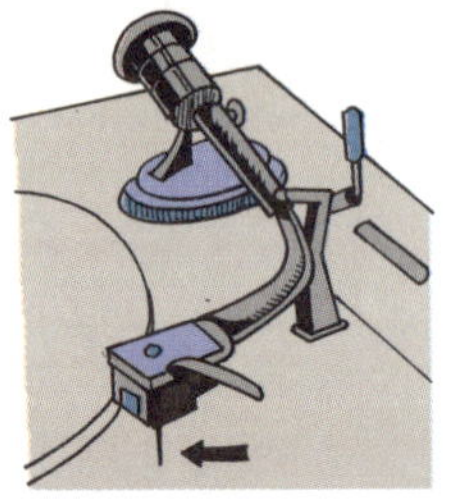

die Nadel

die Schallplatte

die Plattenhülle

die Musik

die Noten

der Kassettenrecorder

die Kassette

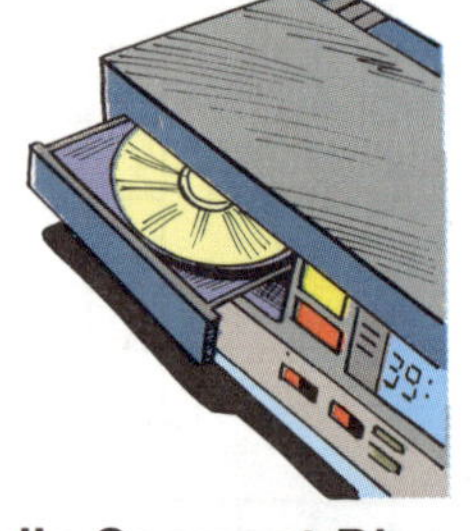

die Compact-Disc

die Lautsprecherboxen

der Diskjockey

der Kopfhörer

das Mikrophon

die Sängerin

das Radio

der Dirigent

die Musiker

die Musikinstrumente

der Chor

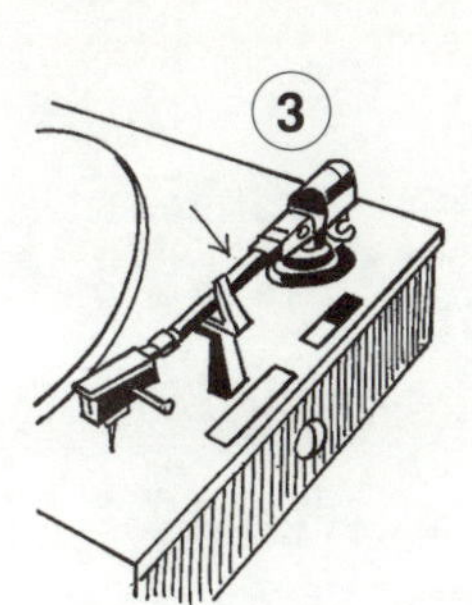

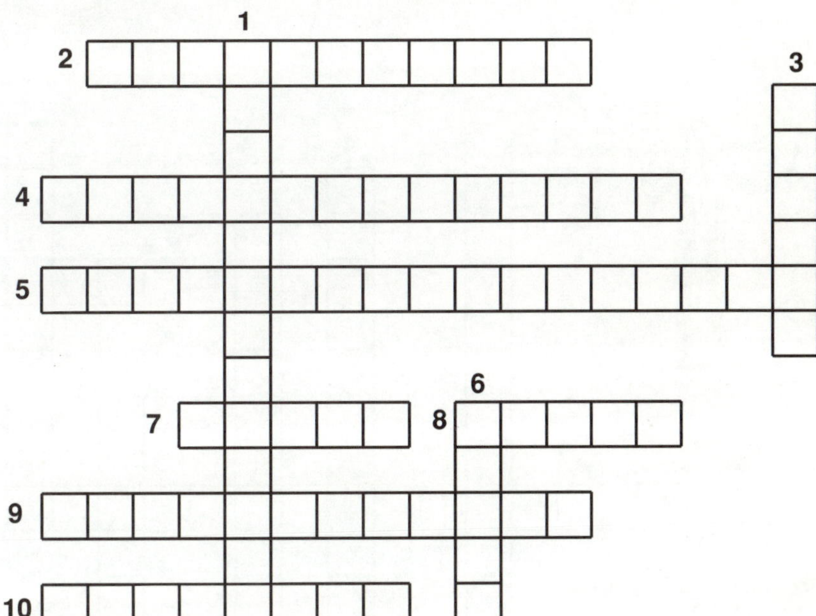

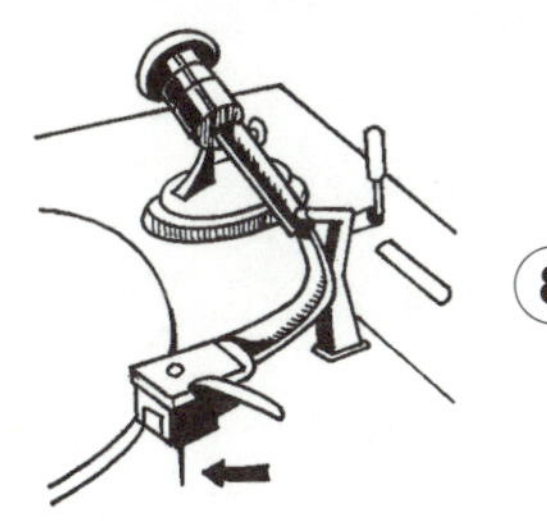

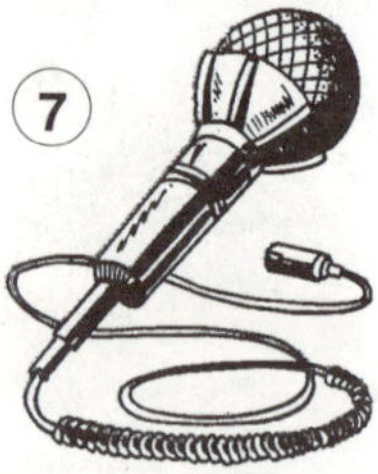

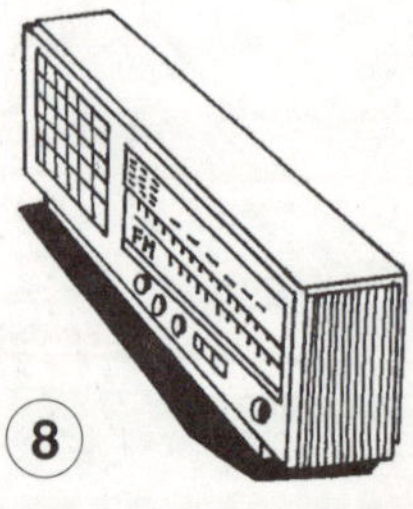

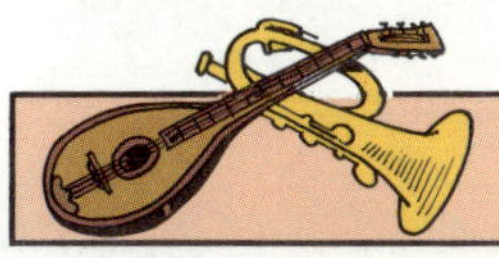

1

2

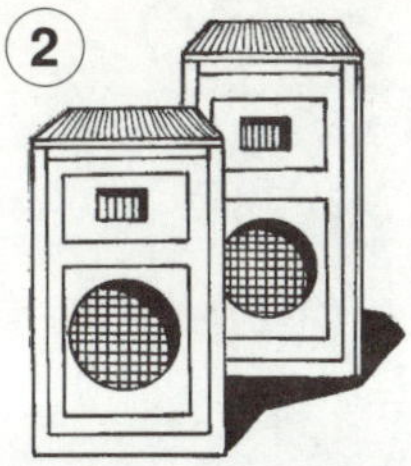

3

4

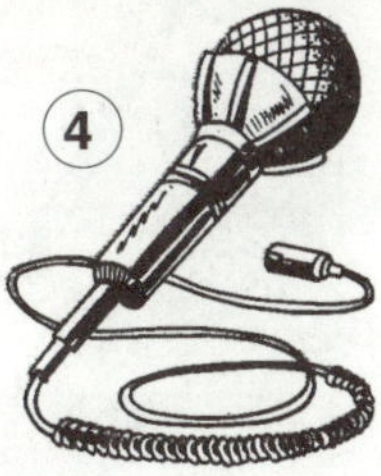

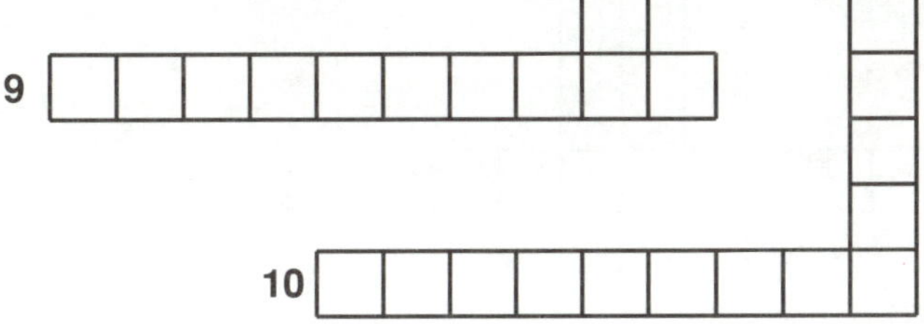

5

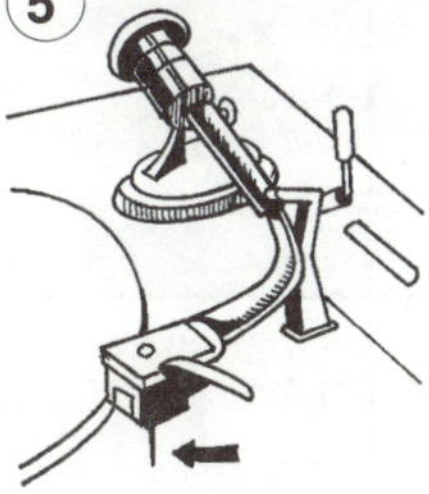

6

7

8

9

10

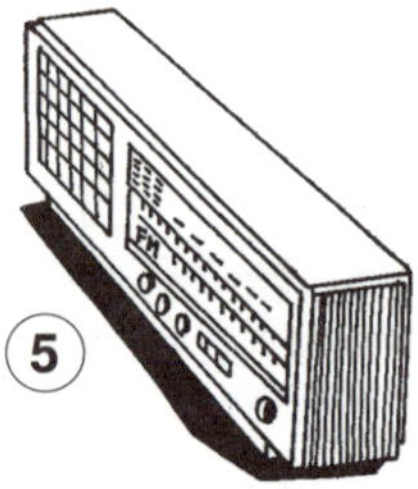

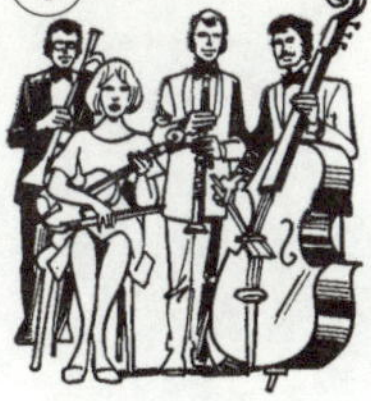

1

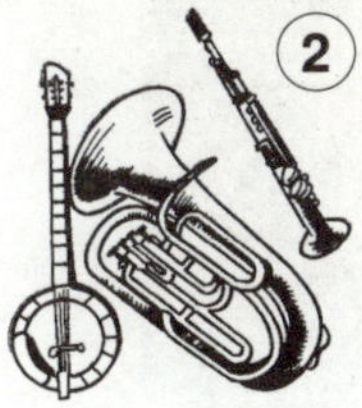

2

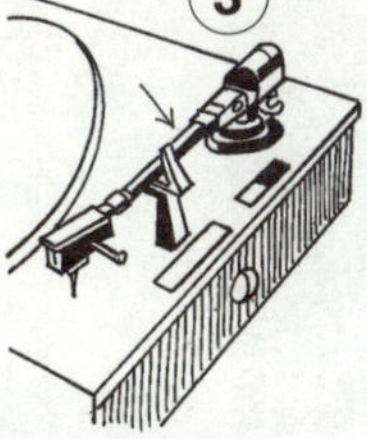

3

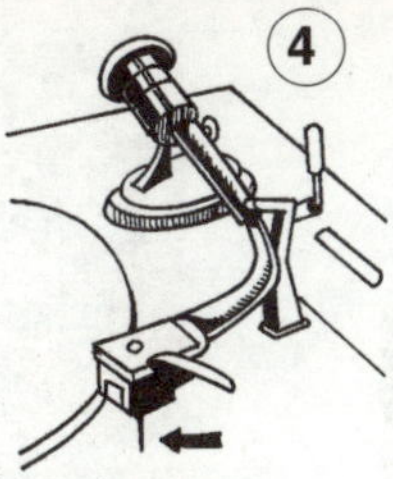

4

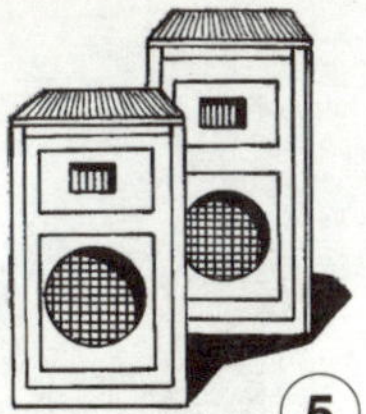

5

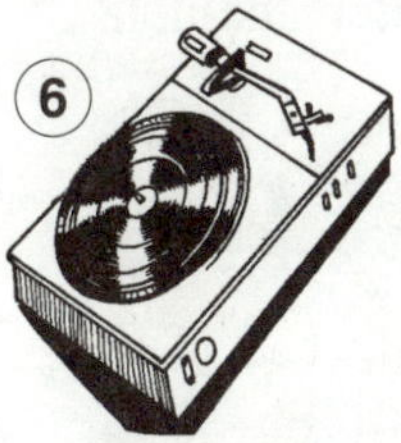

6

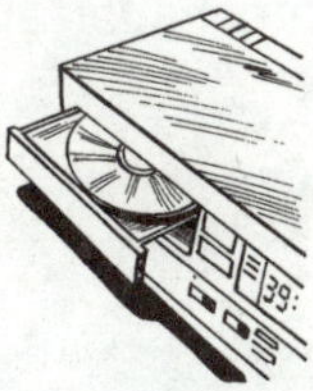

7

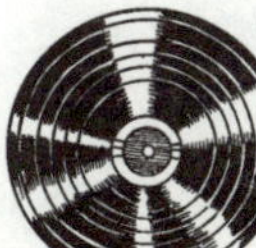

8

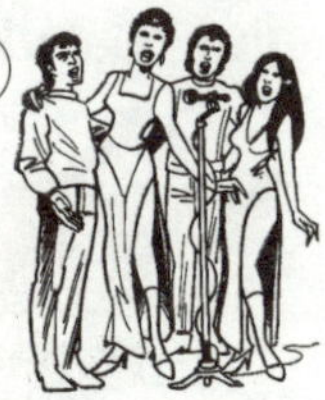

9

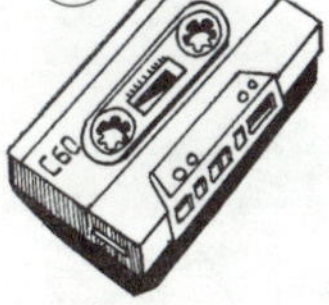

10

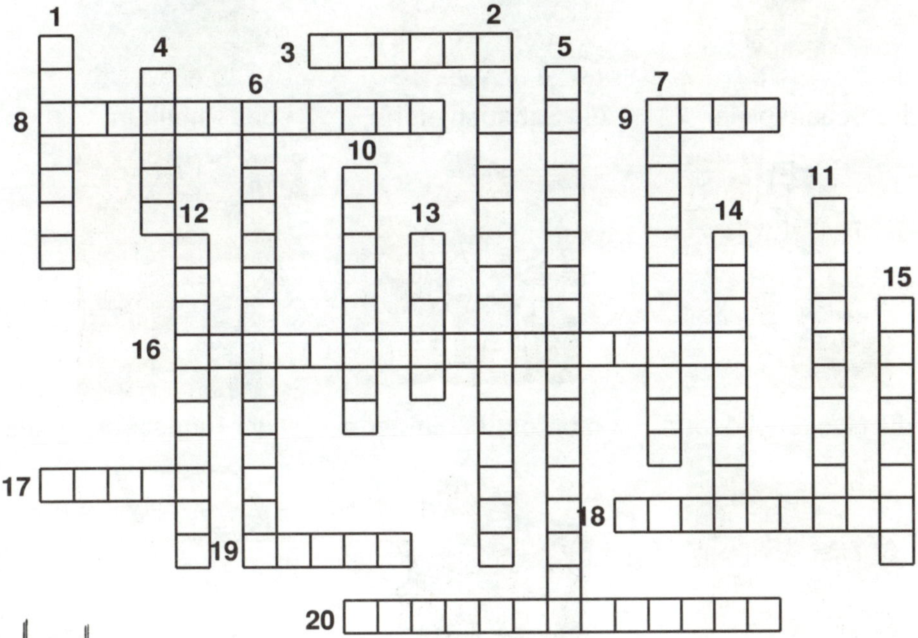

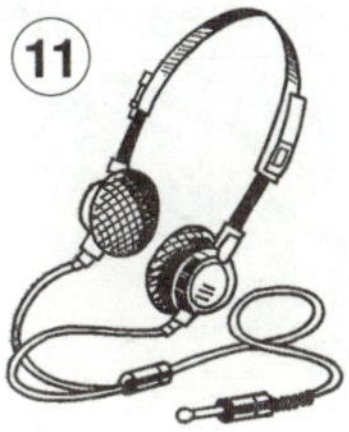

11

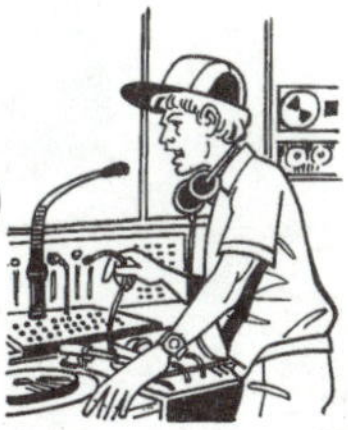

12

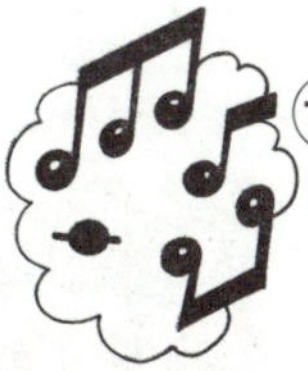

13

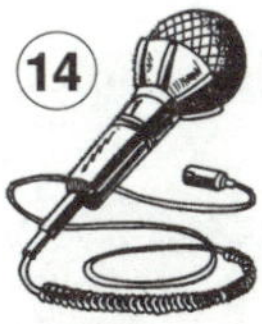

14

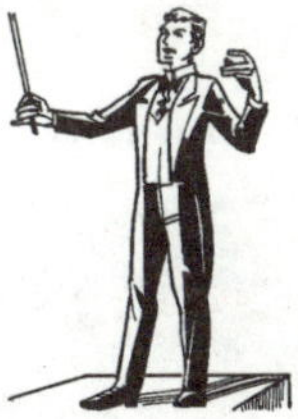

15

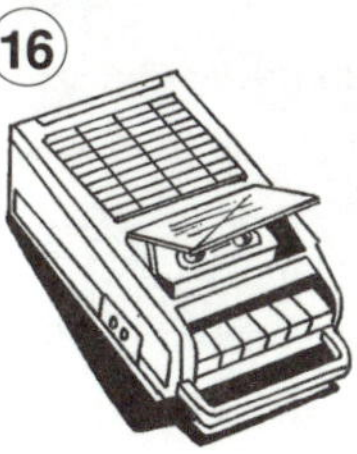

16

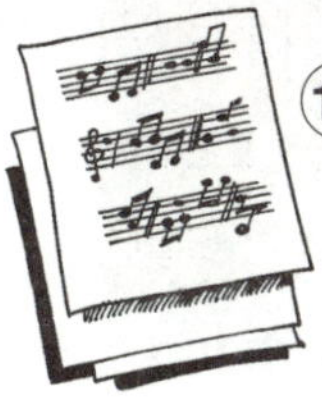

17

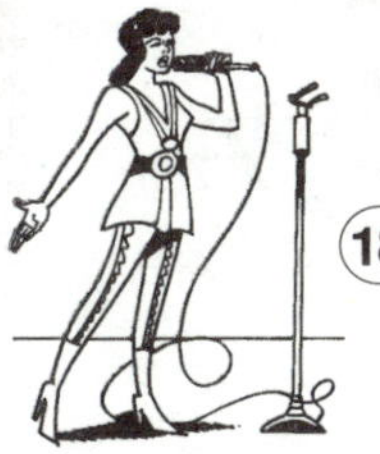

18

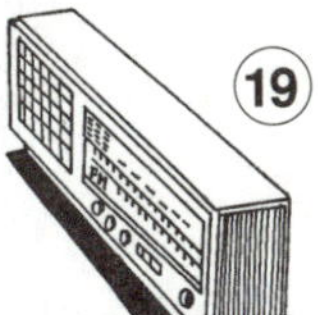

19

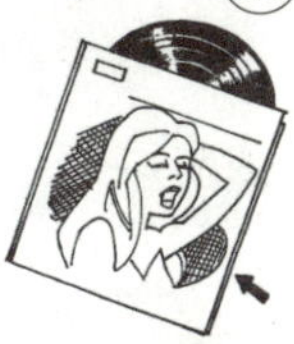

20

IM THEATER

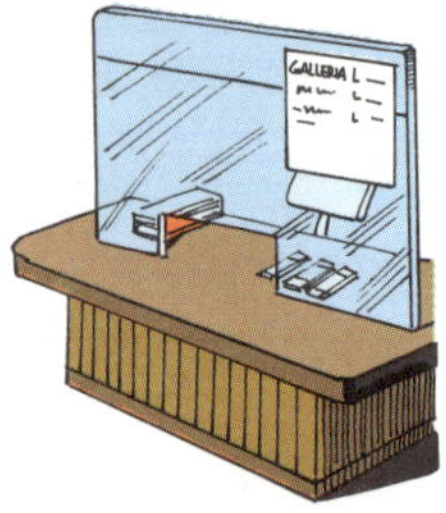

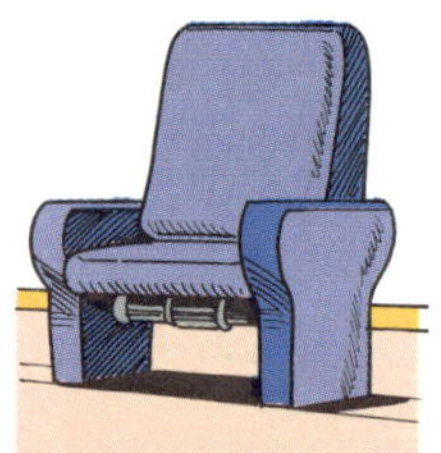

die Theaterkasse | die Theaterkarte | der Zuschauerraum | der Sitzplatz

der Schauspieler | die Schauspielerin | das Publikum | die Kostüme

die Maskenbildnerin | die Kostümbildnerin | der Regisseur | der Bühnenbearbeiter

der Souffleur | der Komponist | der Notenständer | das Bühnenbild

die Loge  | die Scheinwerfer | der Vorhang | die Bühne

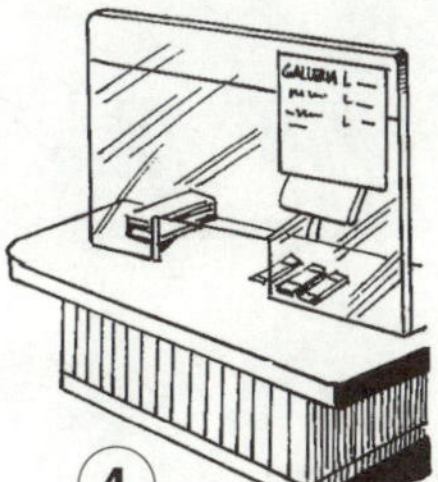

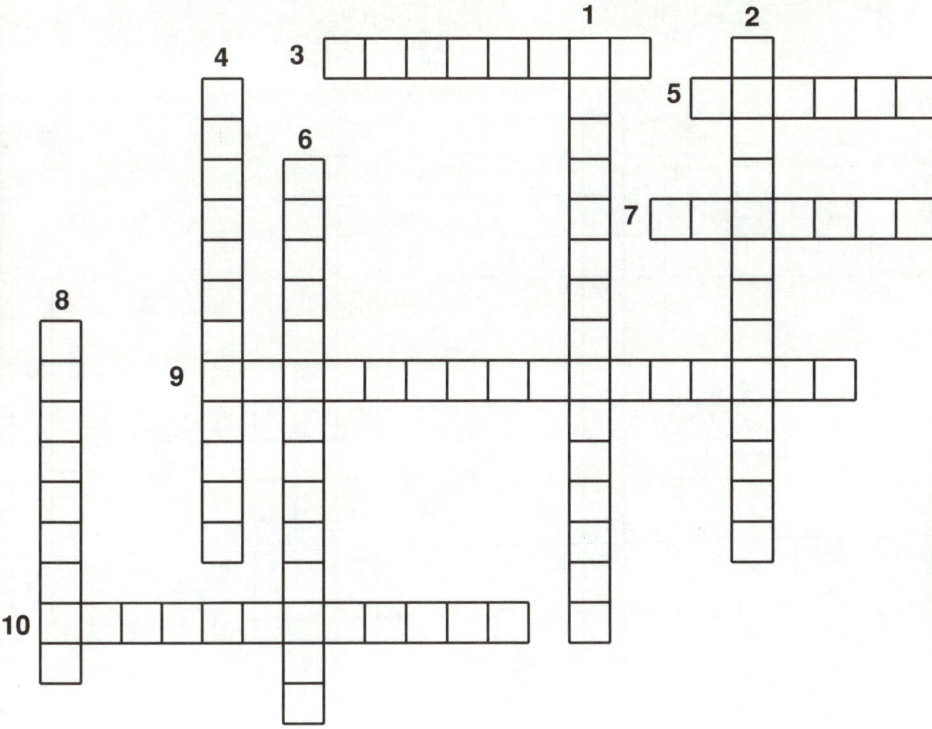

1

2

3

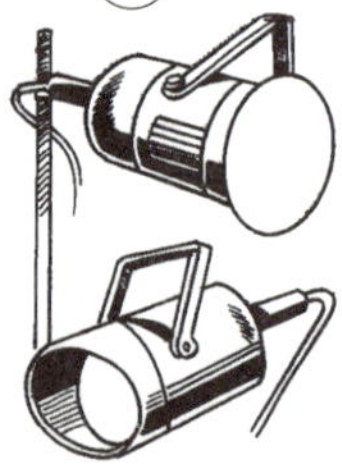

4

5

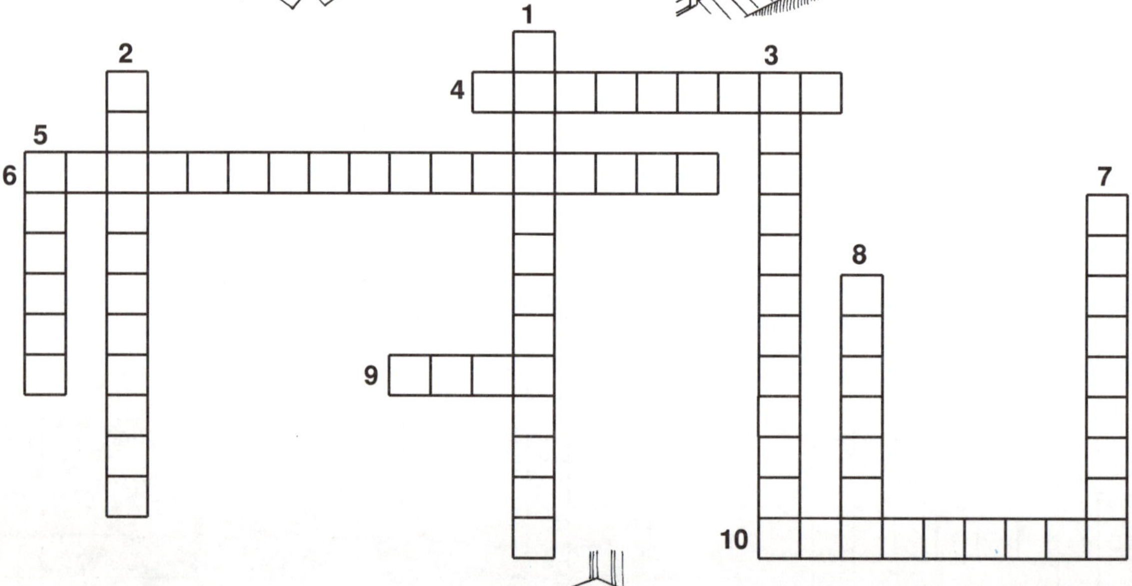

6

7

8

9

10

① ② ③ ④   ⑤ ⑥ ⑦  ⑧  ⑨  ⑩

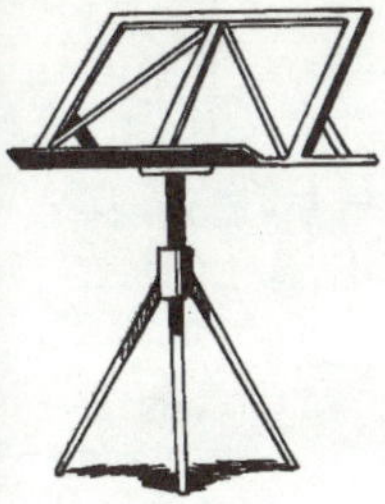

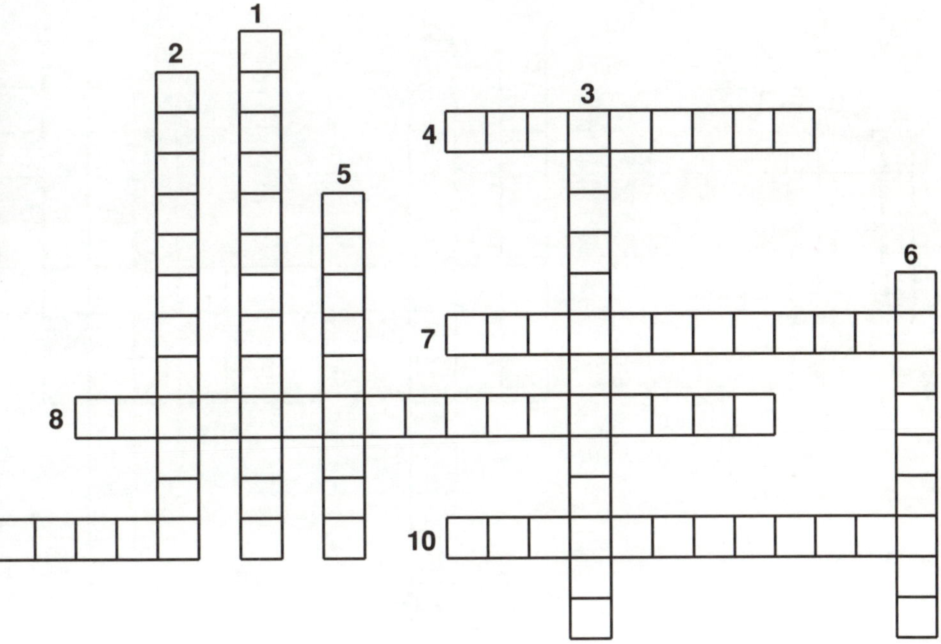

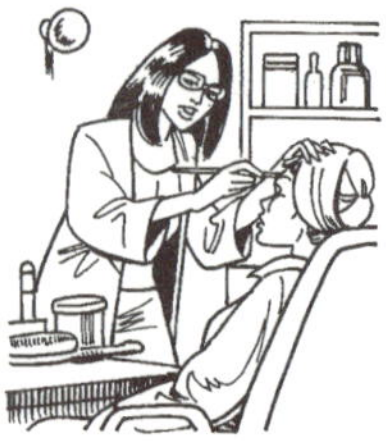

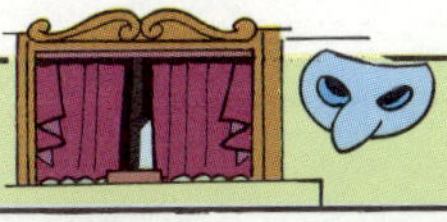

5

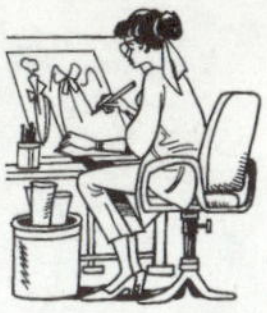

1

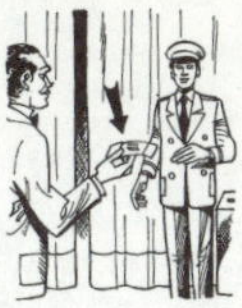

2

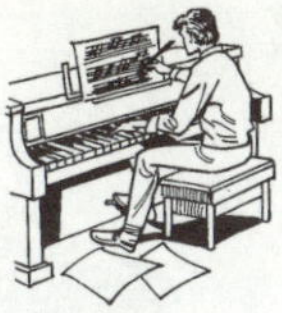

3

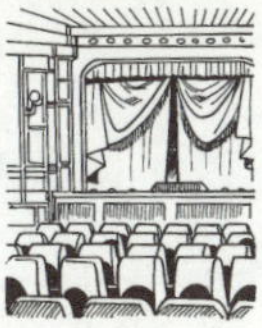

4

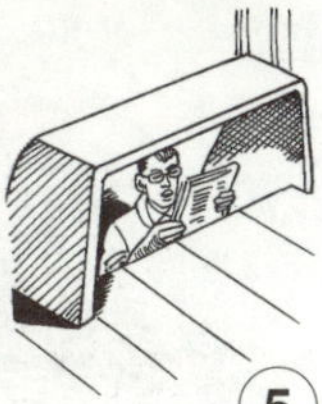

5

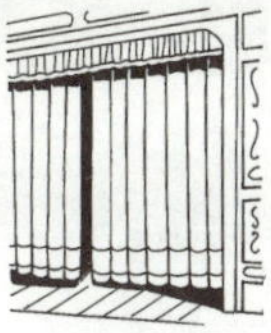

6

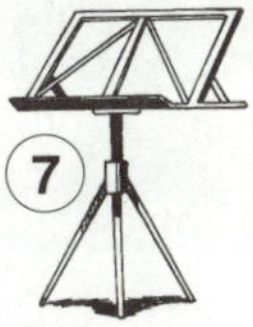

7

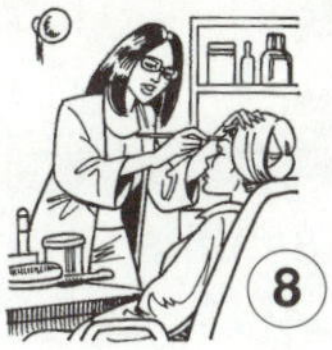

8

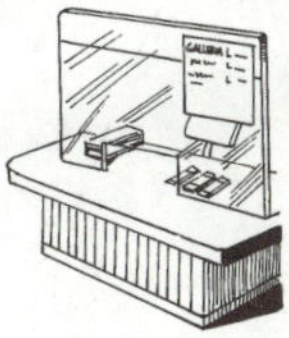

9

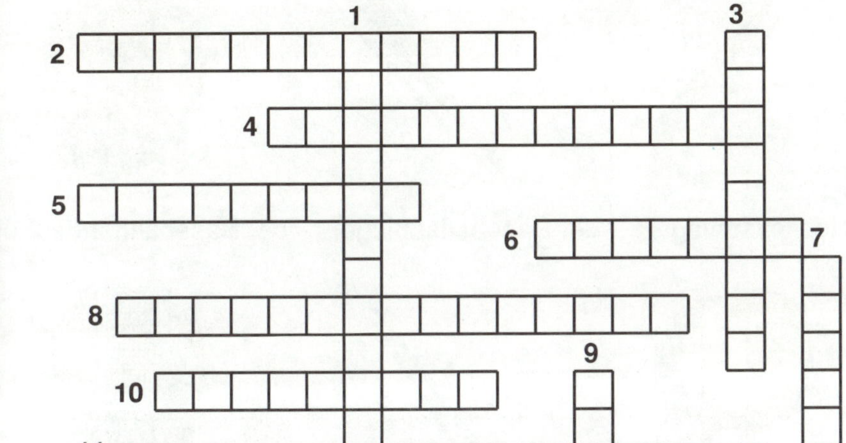

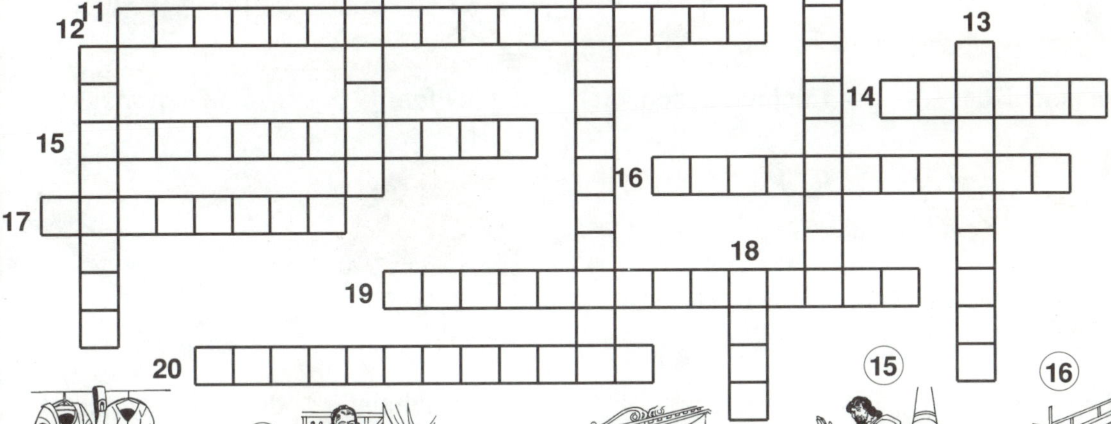

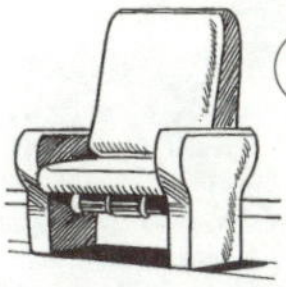

10

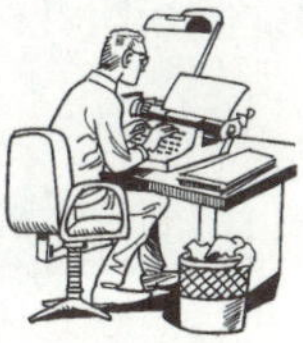

11

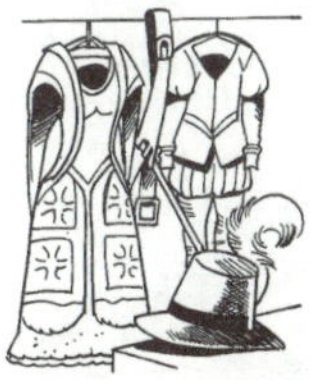

12

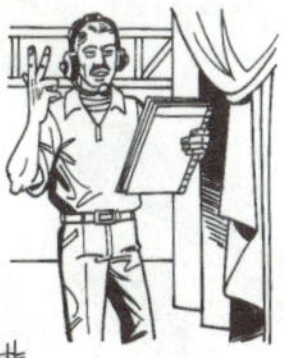

13

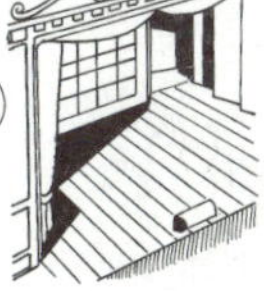

14

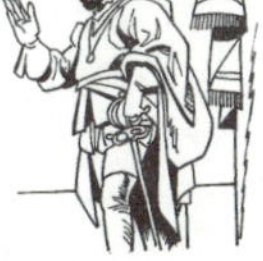

15

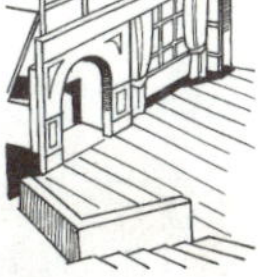

16

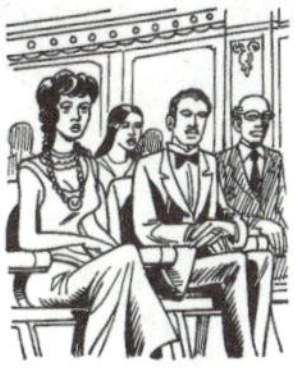

17

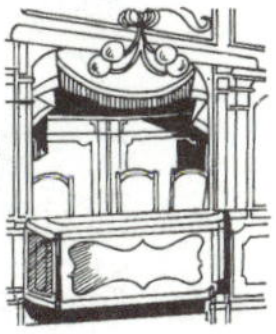

18

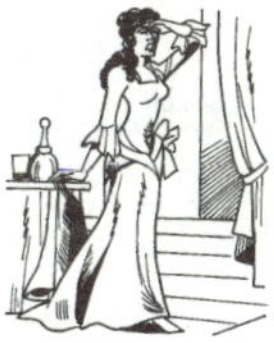

19

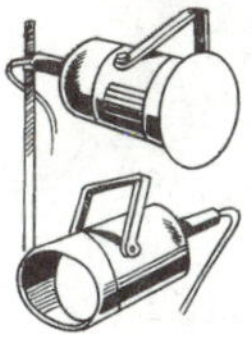

20

der Rollschuh

die Schlittschuhe

die Fußballschuhe

das Tor

der Fußball

der Hockeyschläger

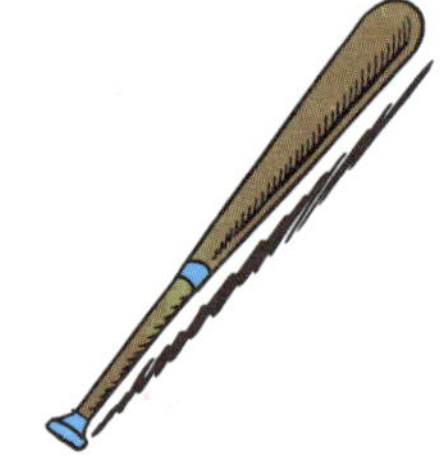

der Baseballschläger

der Baseballhandschuh

der Tennisschläger

der Tischtennisschläger

das Florett

die Fechtmaske

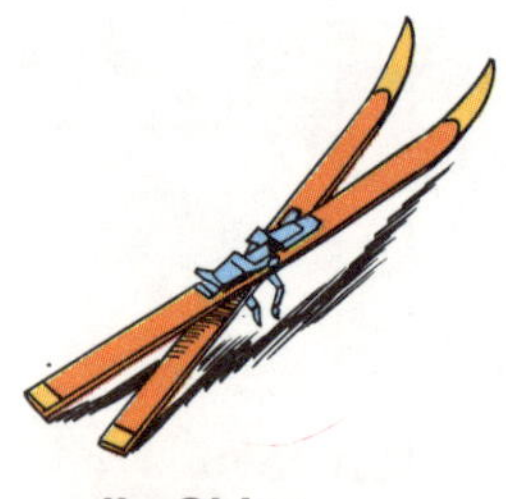

die Skier

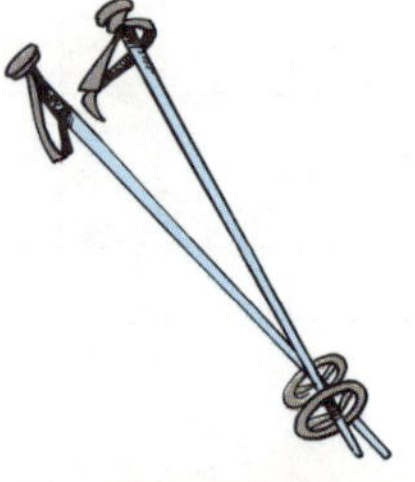

die Skistöcke

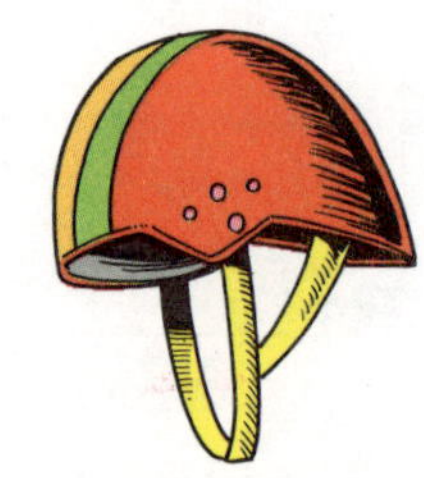

der Schutzhelm

die Scheibenhantel

die Boxhandschuhe

die Hürde

die Schwimmflossen

die Taucherbrille

55

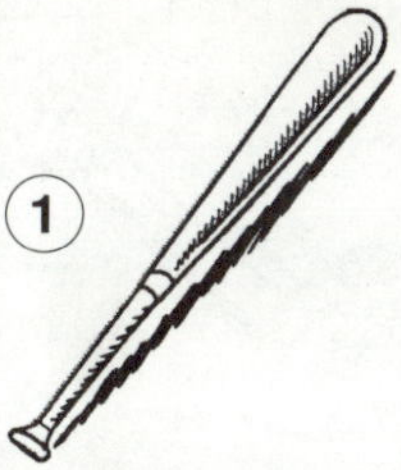

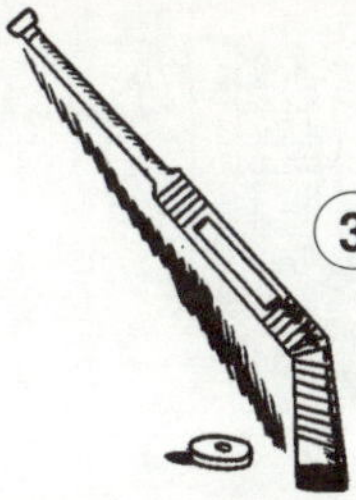

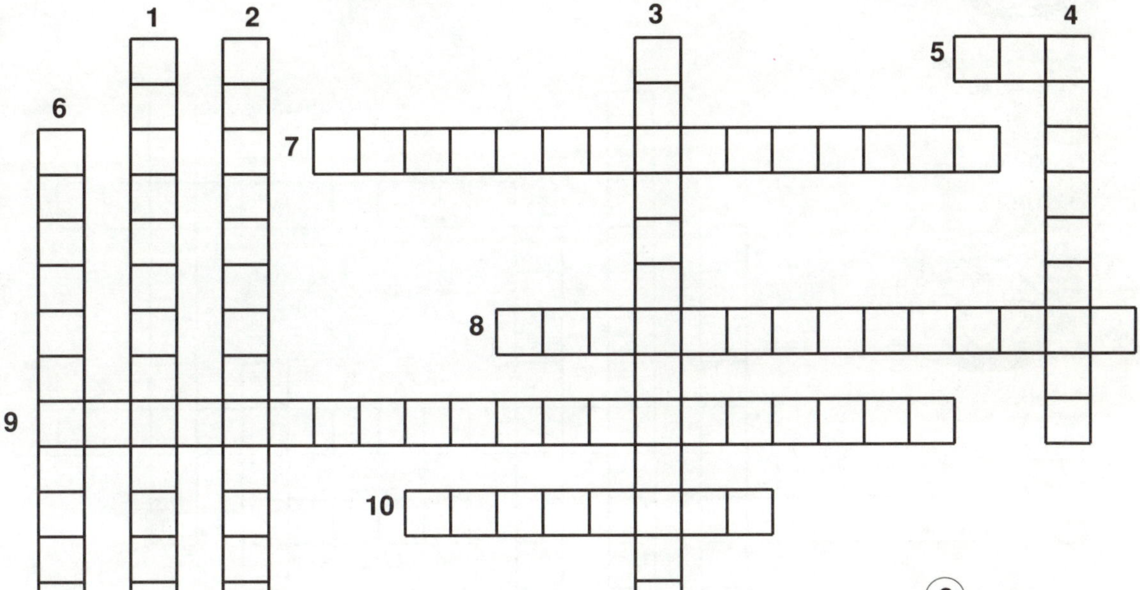

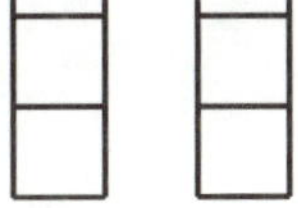

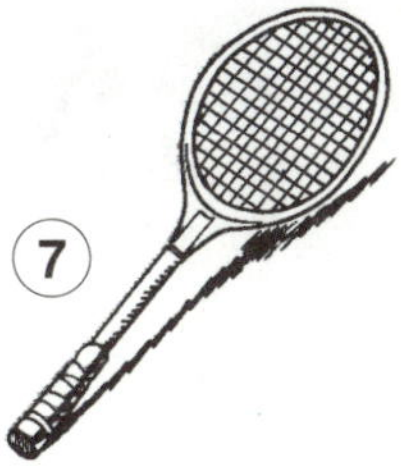

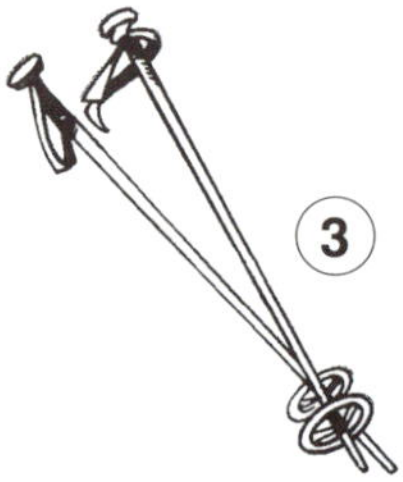

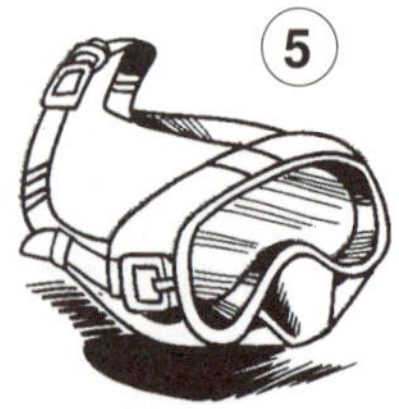

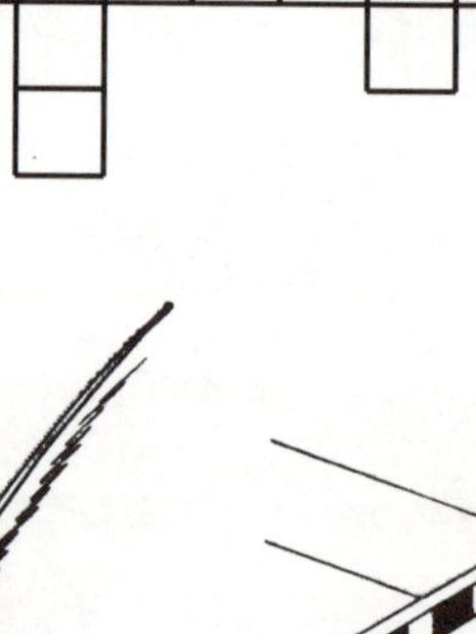

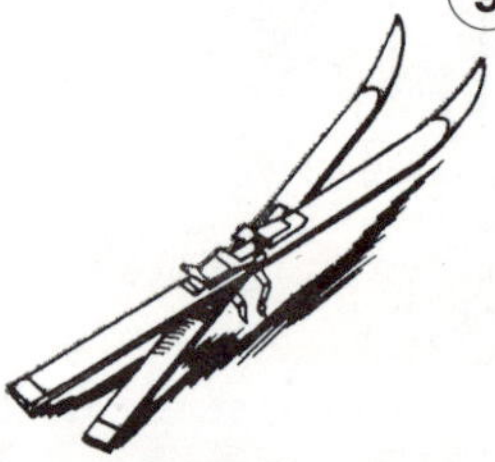

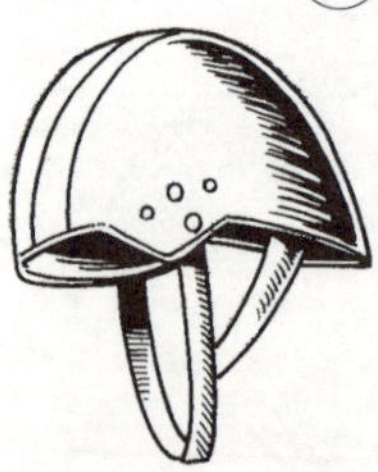

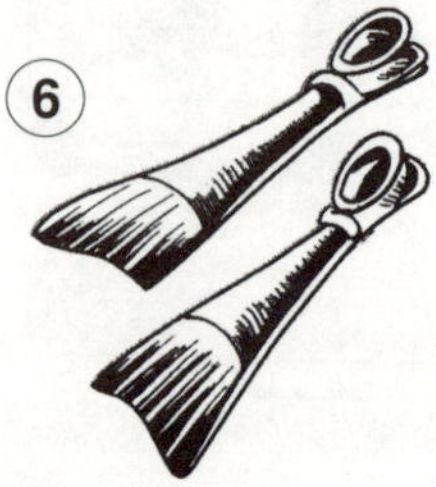

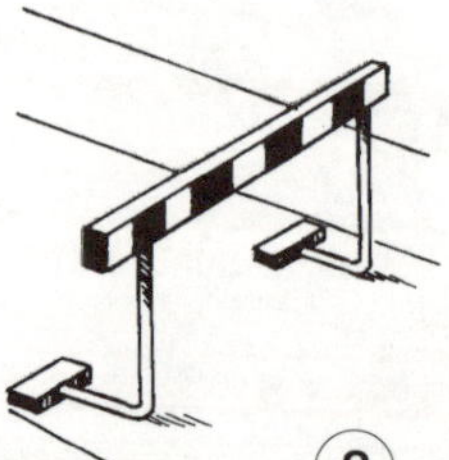

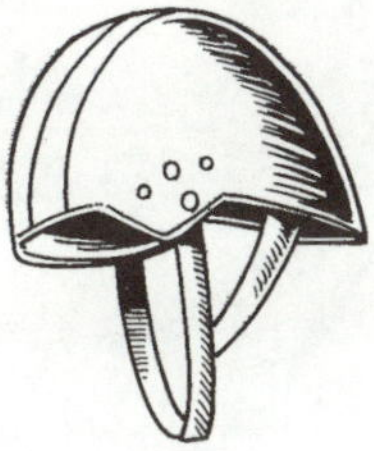

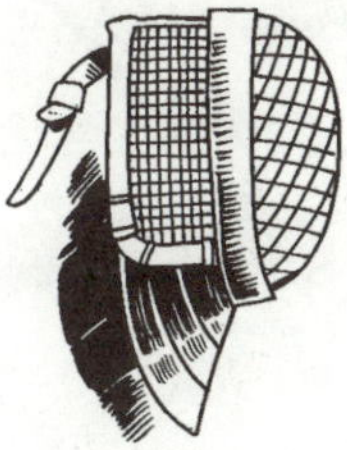

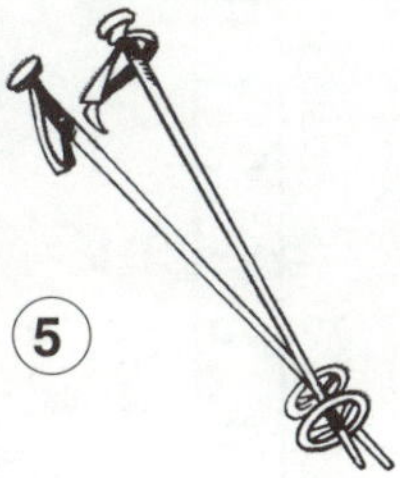

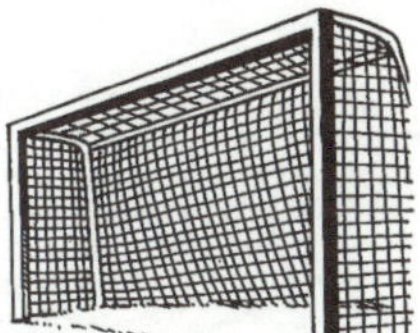

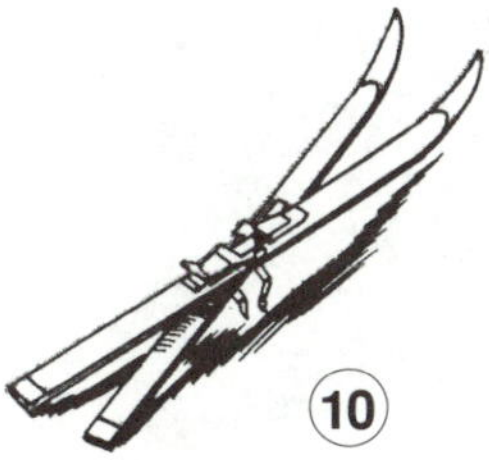

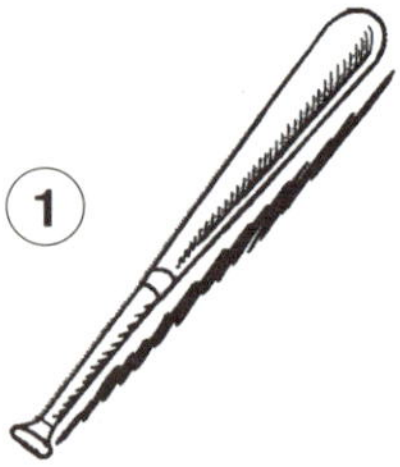

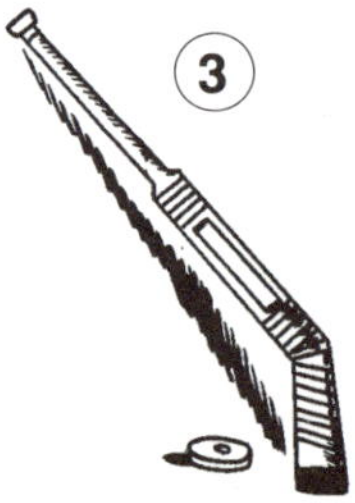

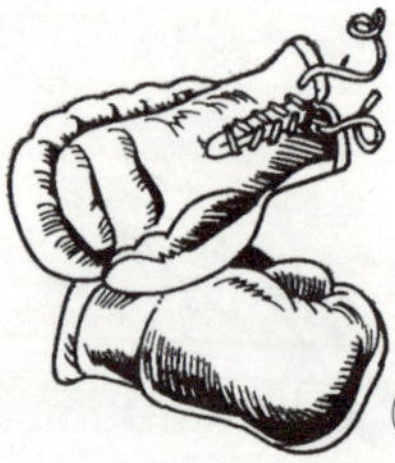

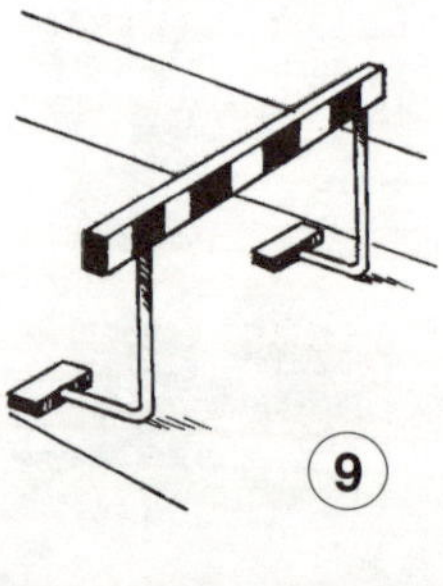

5

1
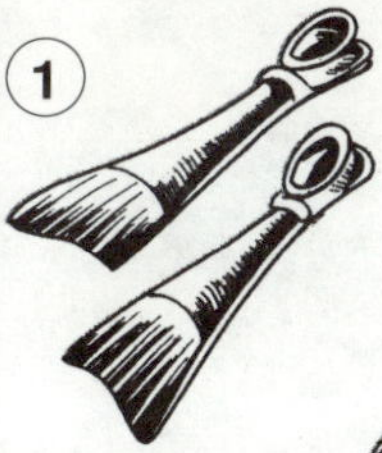
2
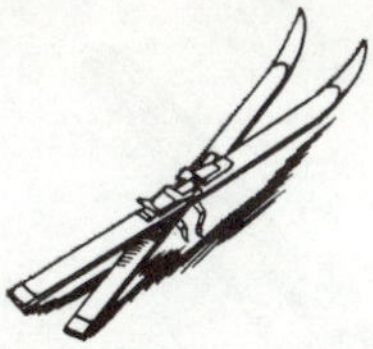
3
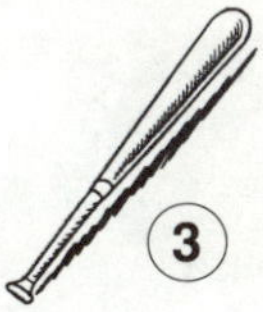
4
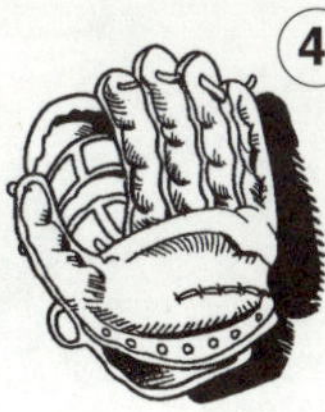
5
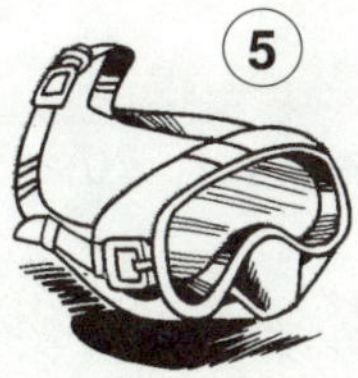
6
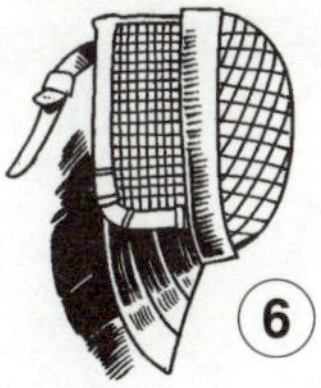
7
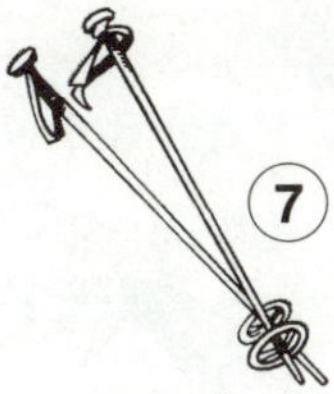
8
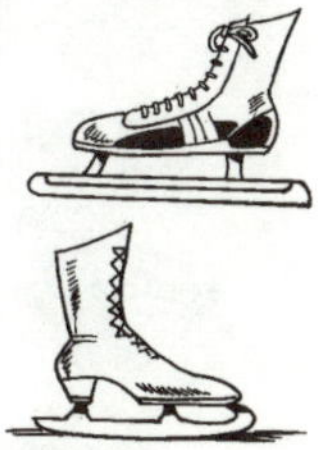
9
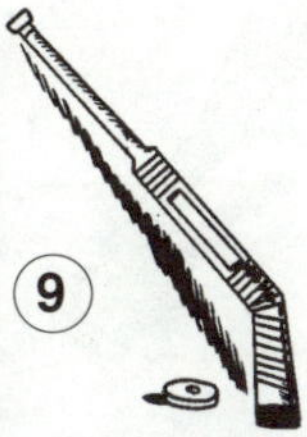
10
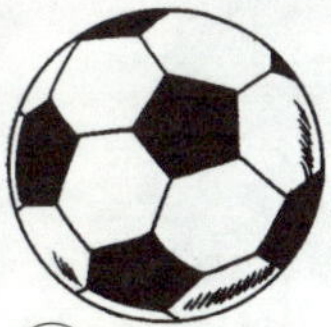

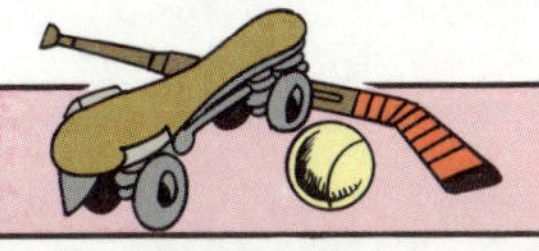

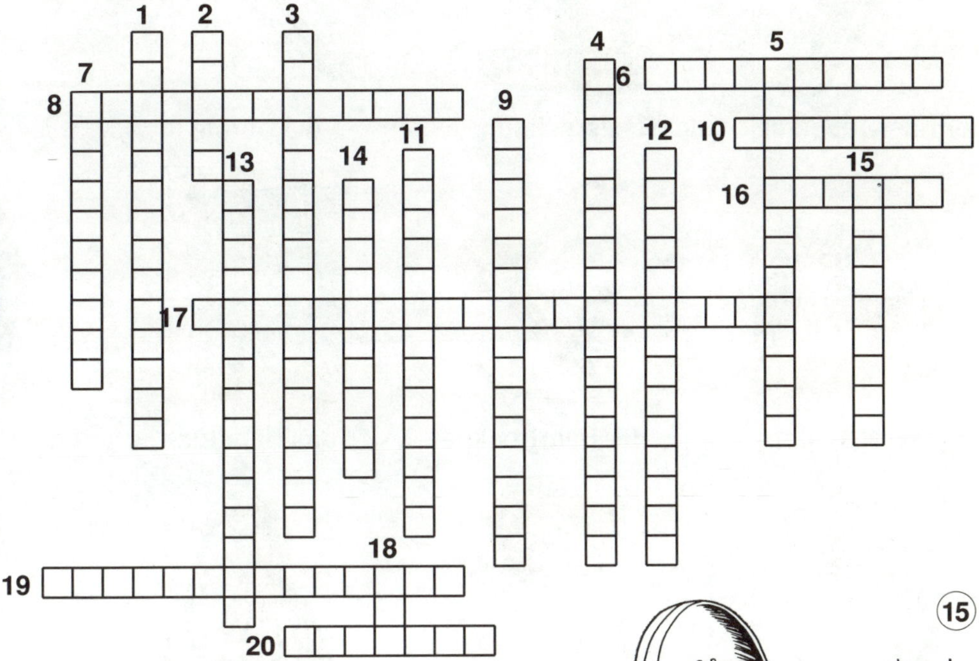
11
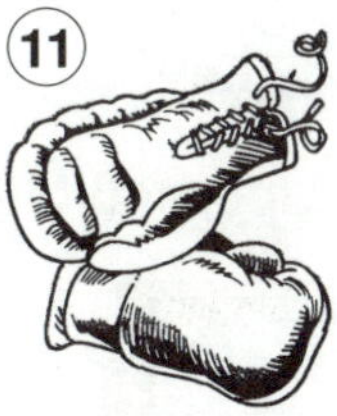
12
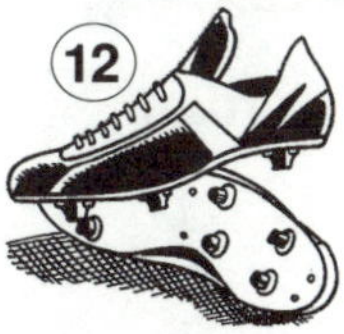
13
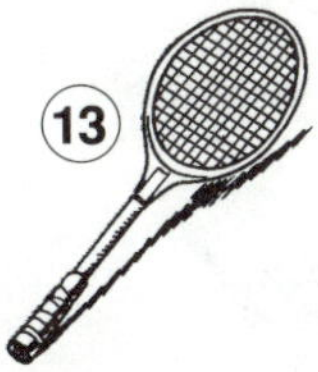
14
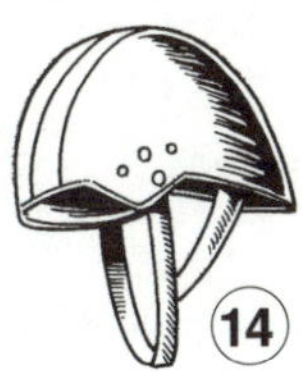
15
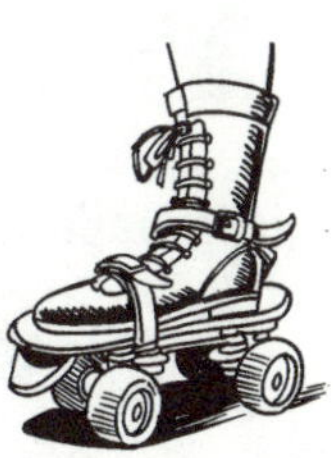
16
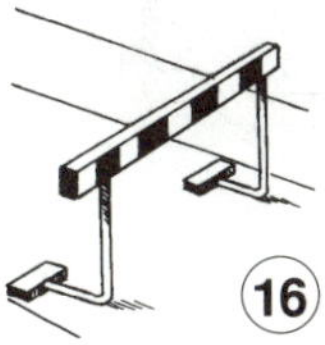
17
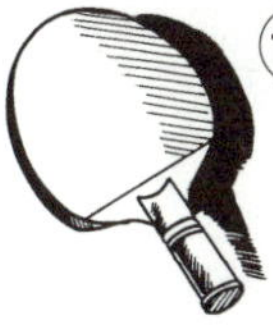
18
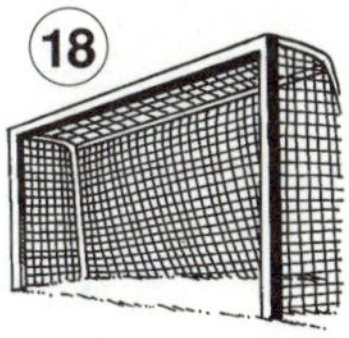
19
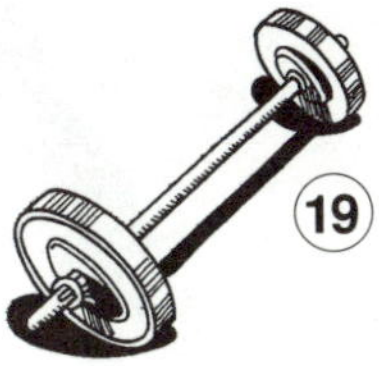
20
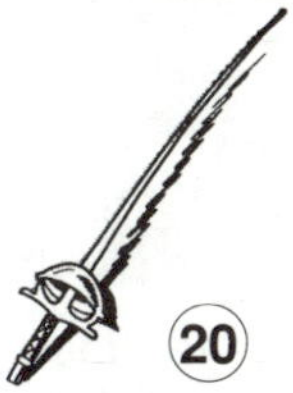

die Seife

der Schwamm

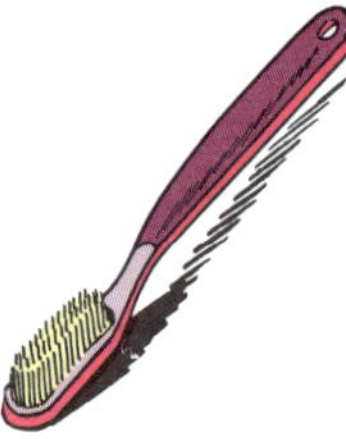

die Zahnbürste

die Zahnpasta

der Rasierapparat

der Rasierschaum

die Bürste

der Kamm

das Haarshampoo

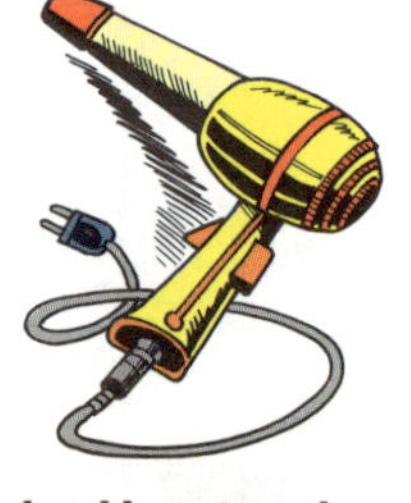

der Haartrockner

das Handtuch

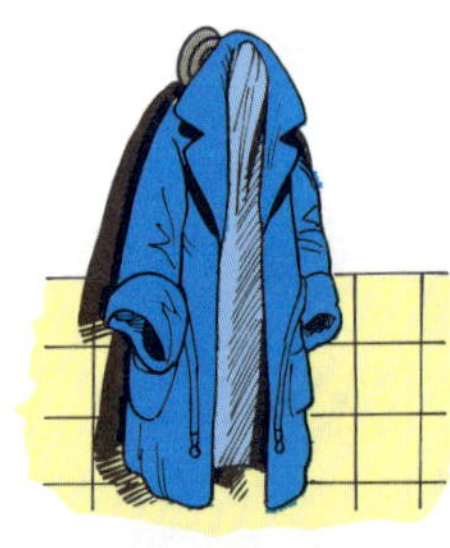

der Bademantel

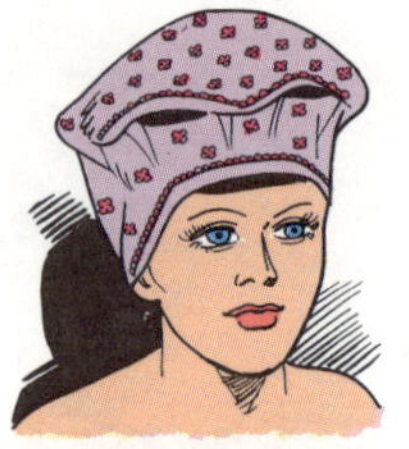

die Badehaube

die Gesichtscreme

das Parfüm

der Lippenstift

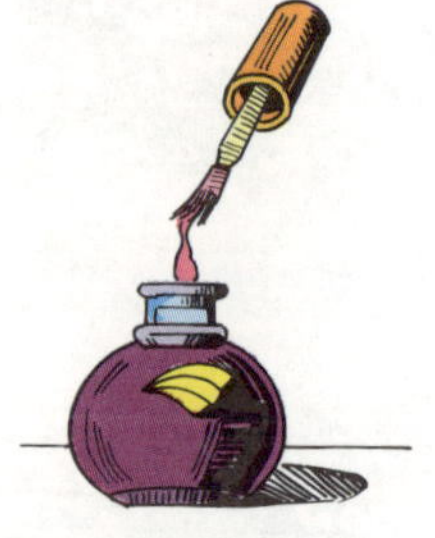

der Nagellack

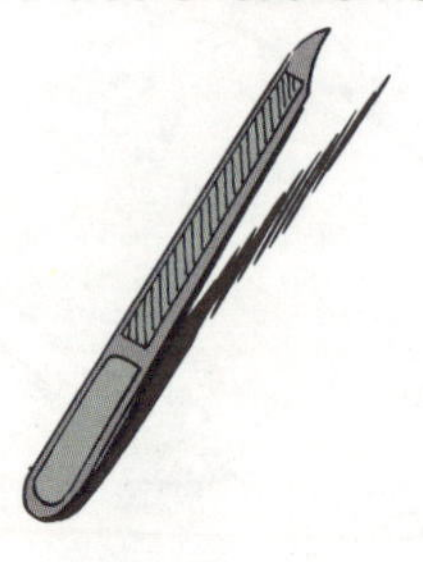

die Feile

die Nagelschere

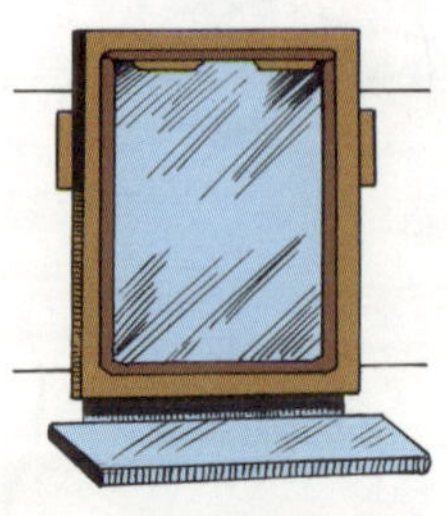

der Spiegel

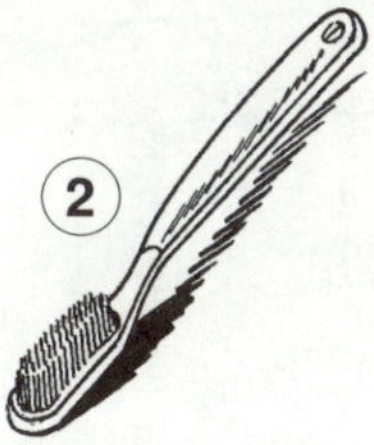

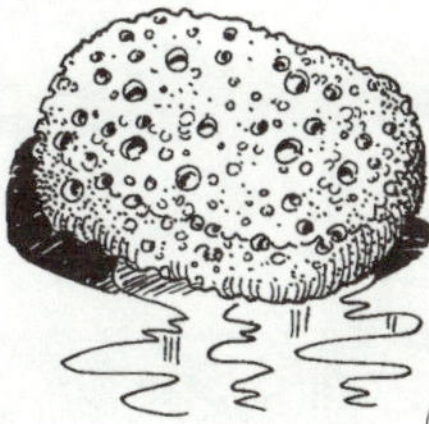

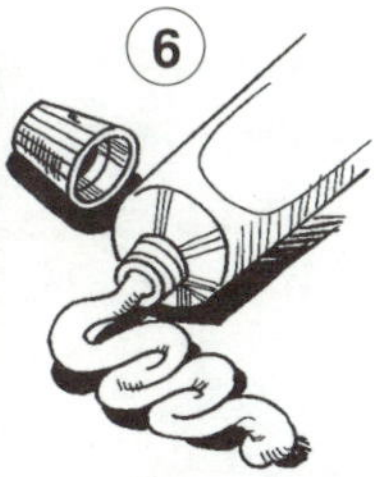

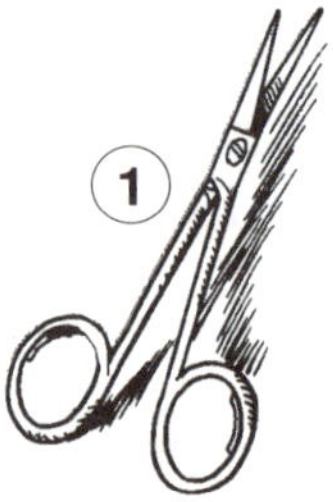

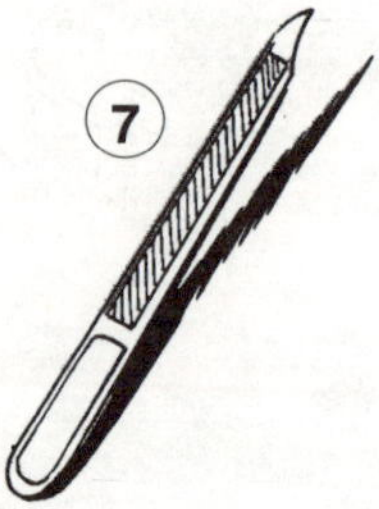

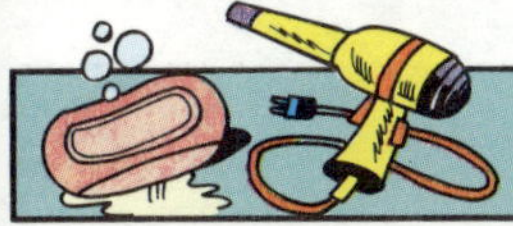

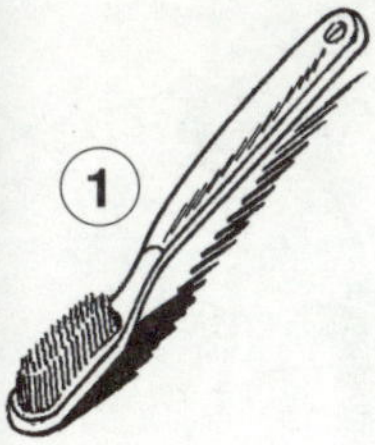

1

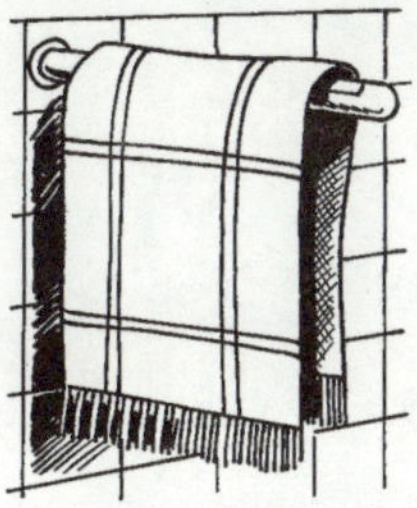

2

3

4

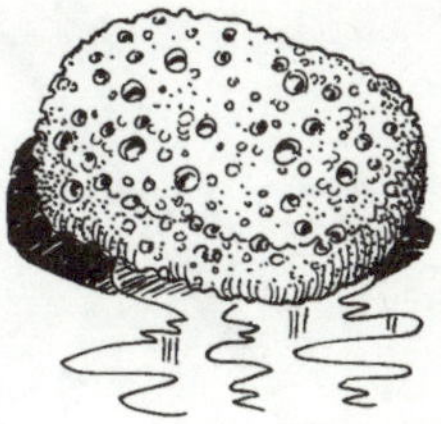

5

6

7

8

9

10

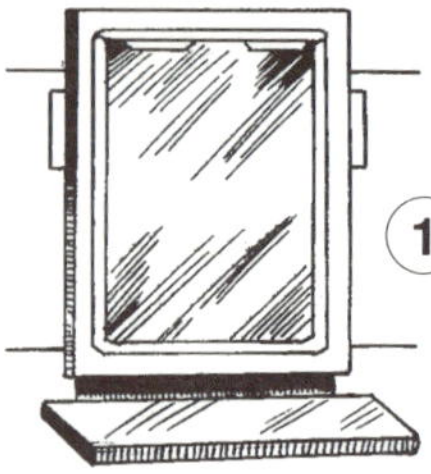

1

2

3

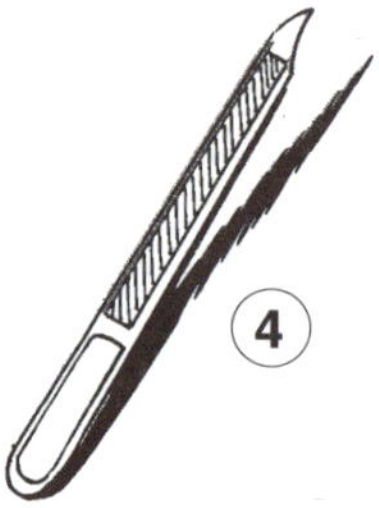

4

5

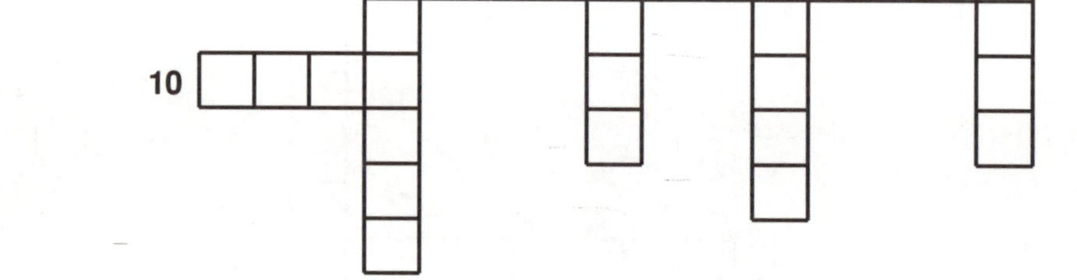

6

7

8

9

10

5

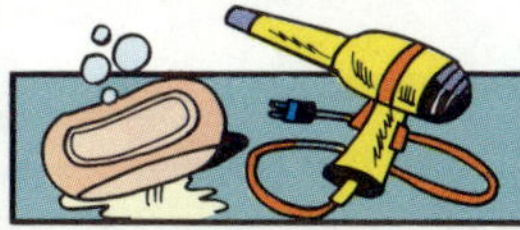

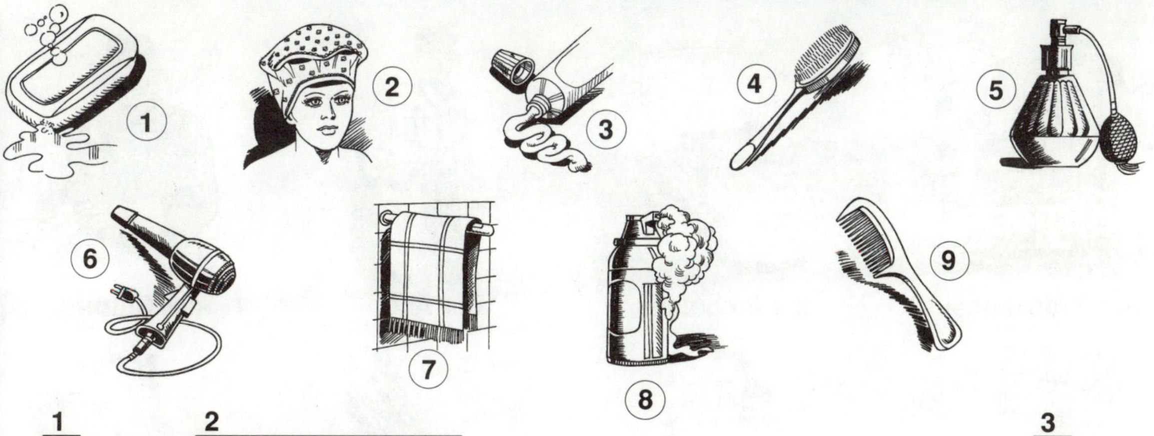

1
2
3
4
5
6
7
8
9

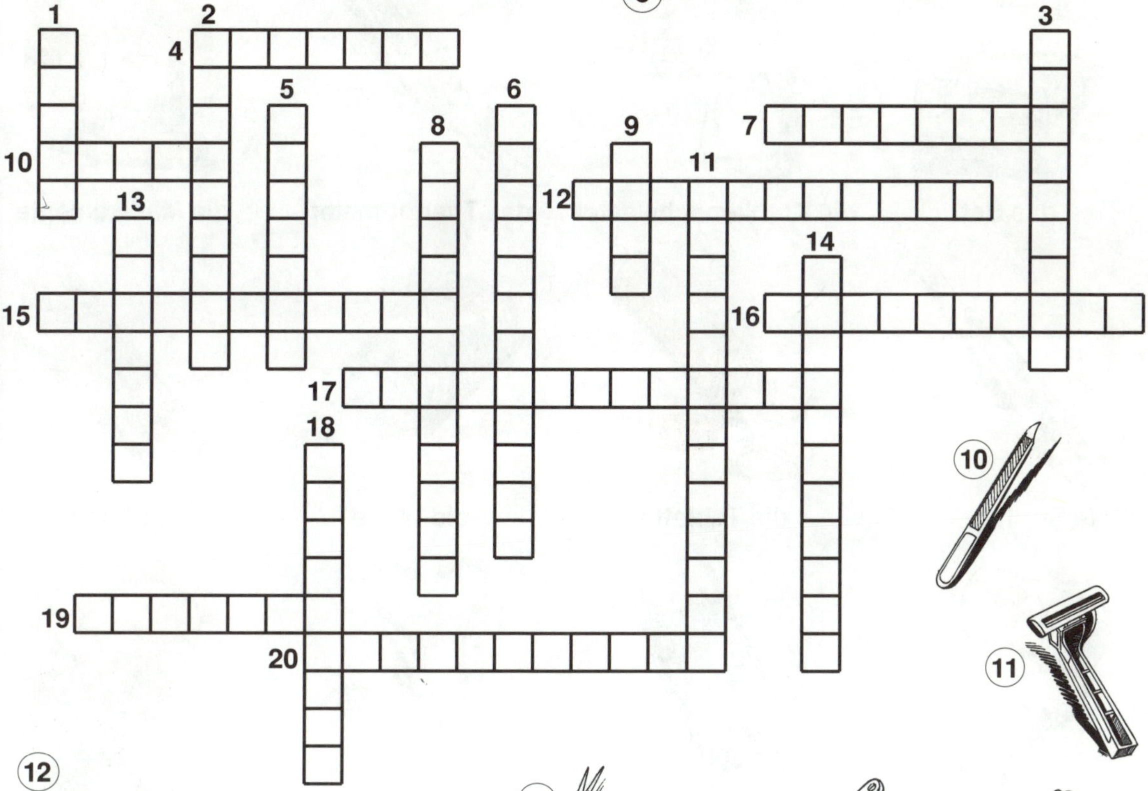

1
2
3
4
5
6
7
8
9
10
11
12
13
14
15
16
17
18
19
20
10
11

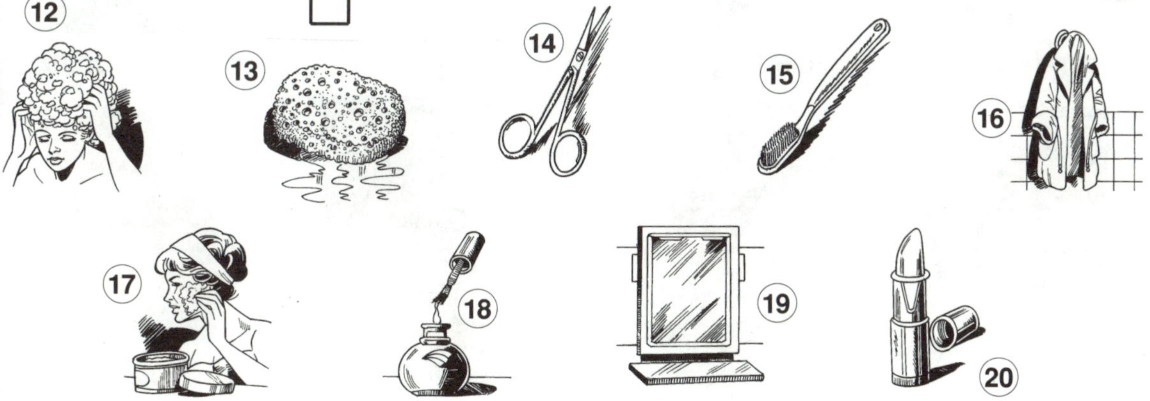

12
13
14
15
16
17
18
19
20

das Krankenhaus

die Ambulanz

der Arzt

der Chirurg

das Bett

die Krankenschwester

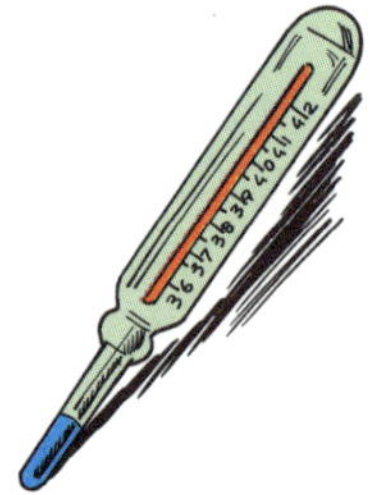

das Thermometer

die Medikamente

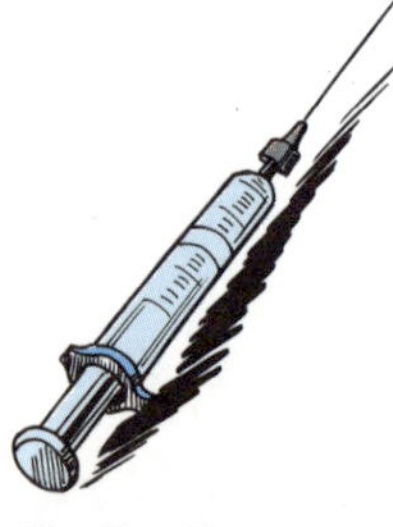

die Spritze

die Tablette

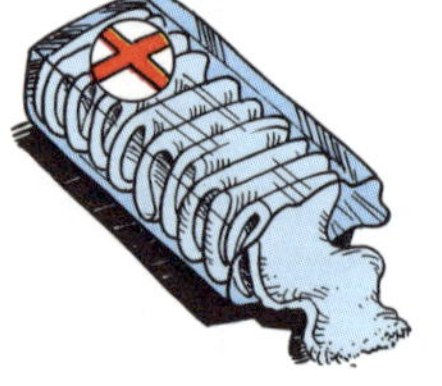

die Watte

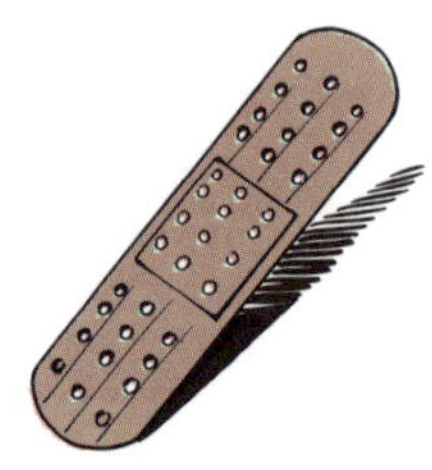

das Pflaster

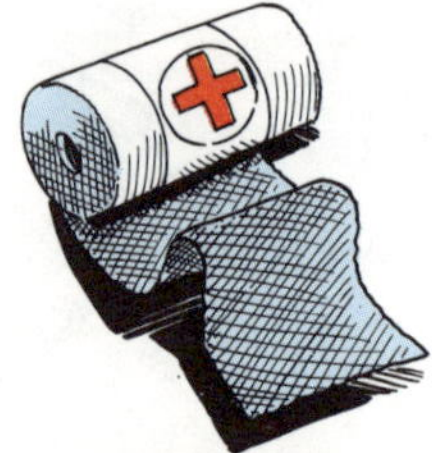

der Verband

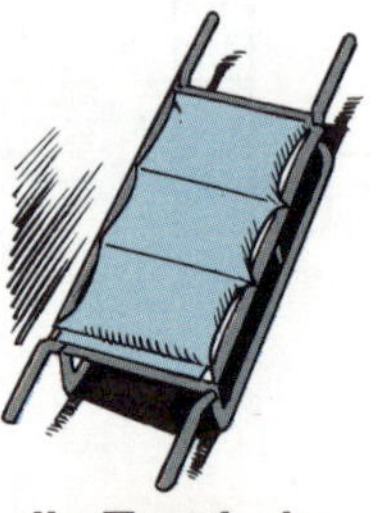

die Tragbahre

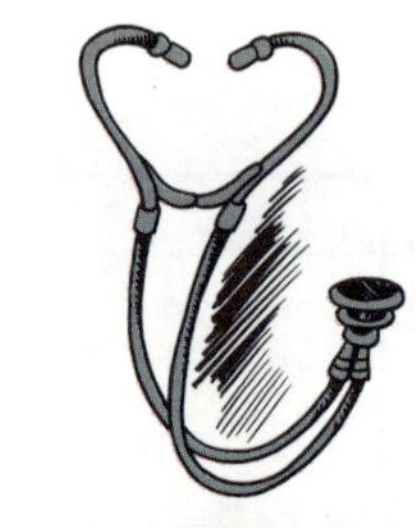

das Stethoskop

der Mundschutz

krank

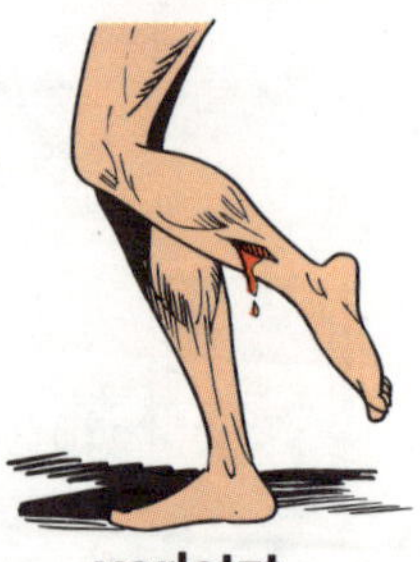

verletzt

ein blaues Auge

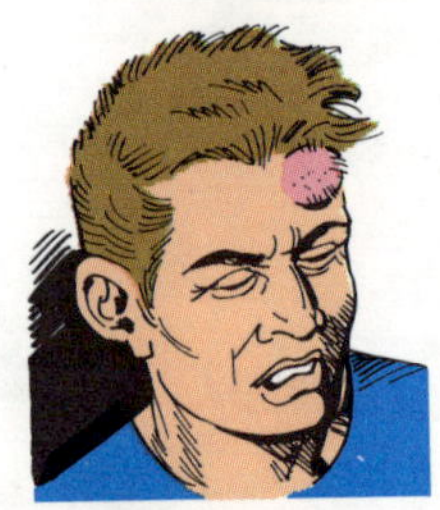

die Beule

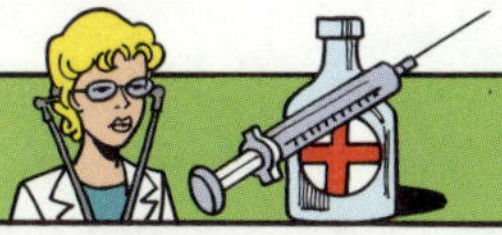

1

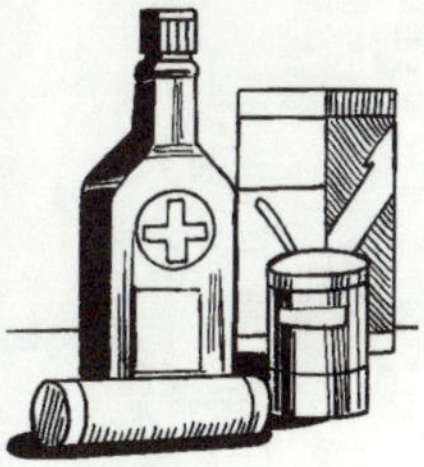

1

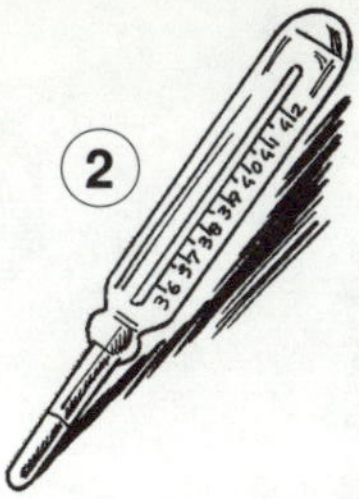

2

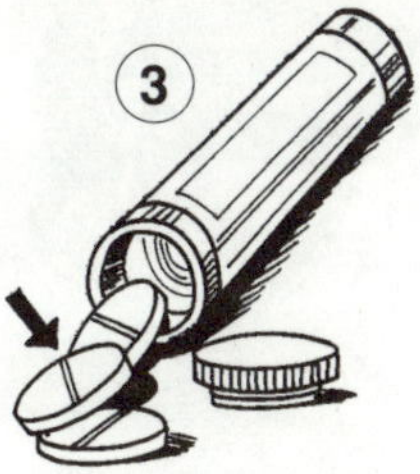

3

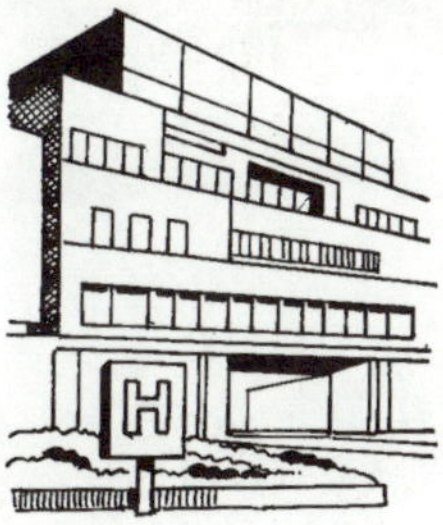

4

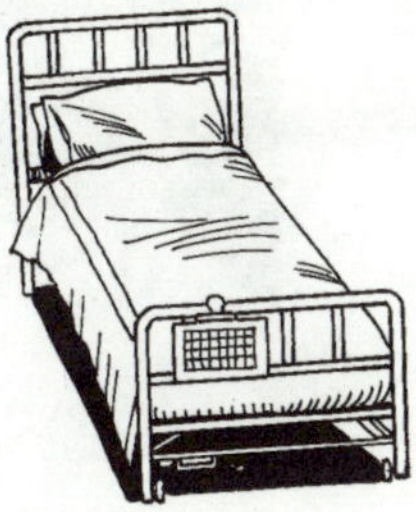

5

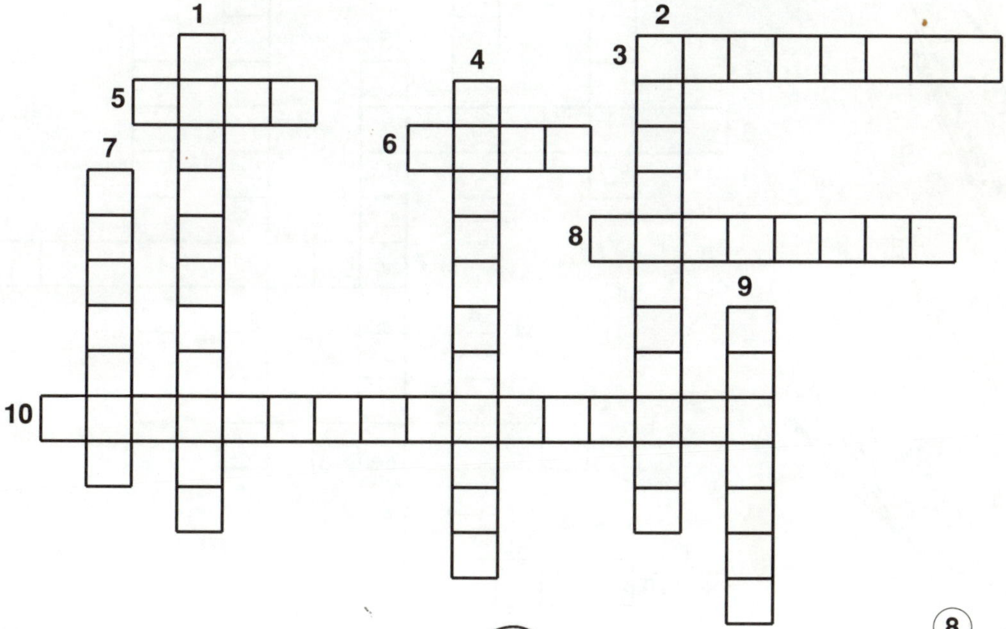

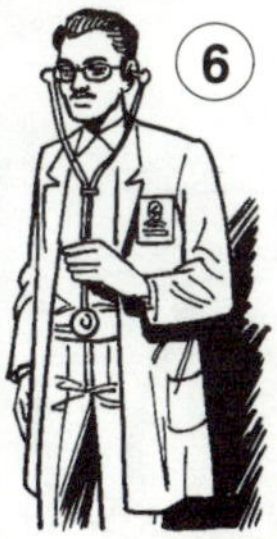

6

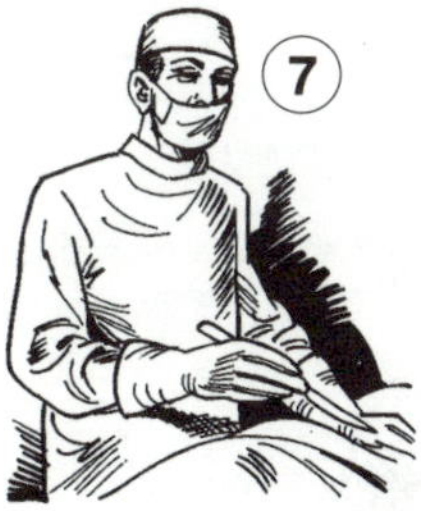

7

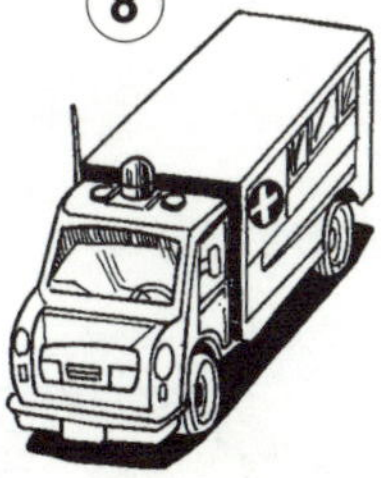

8

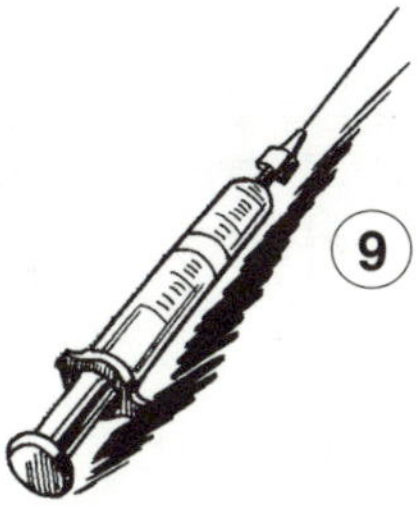

9

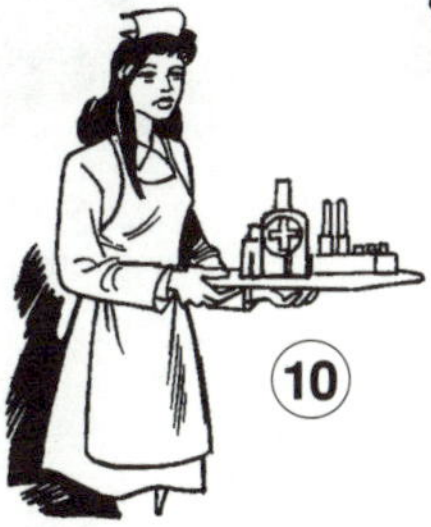

10

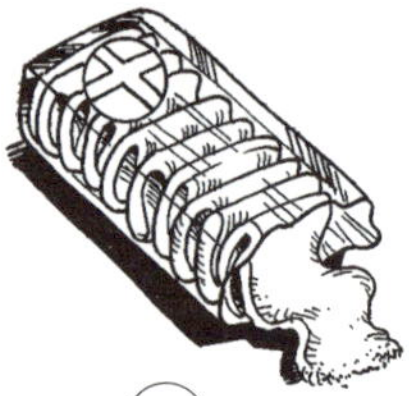

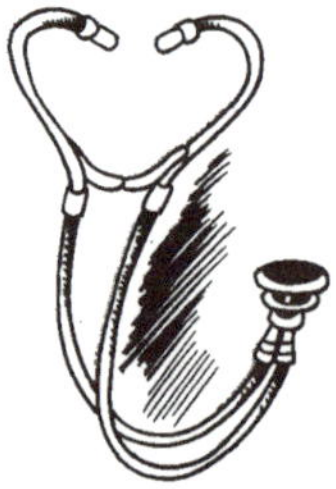

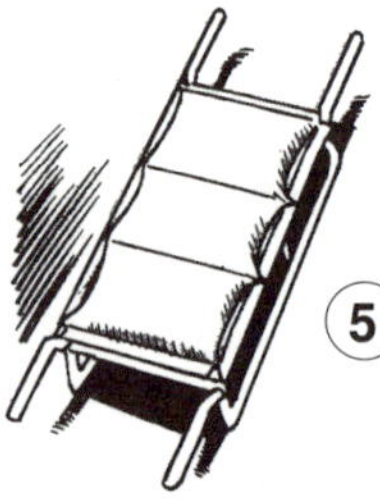

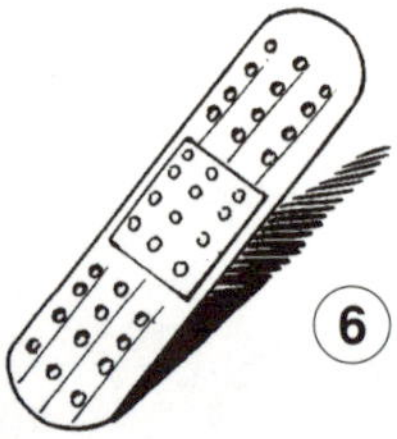

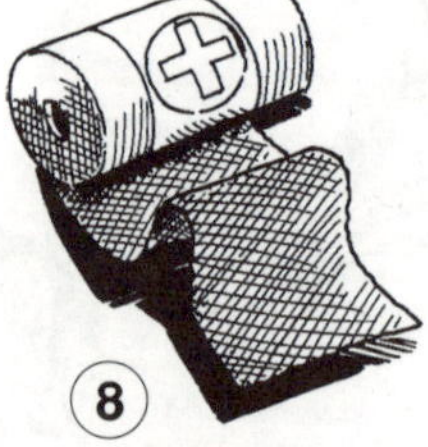

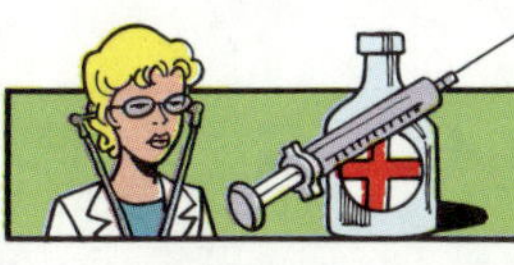

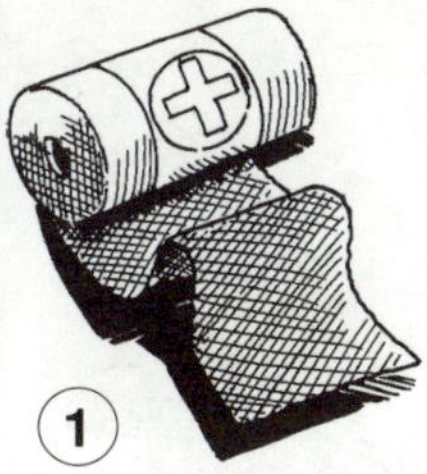

1
2 
3 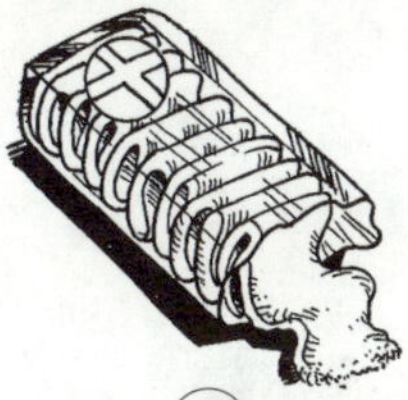
4 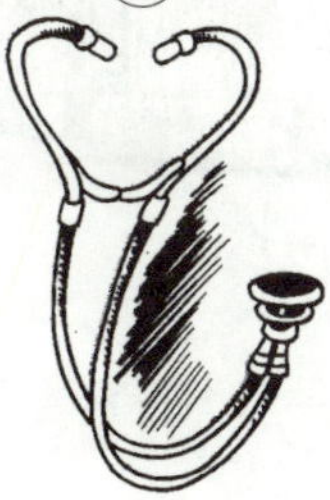
5  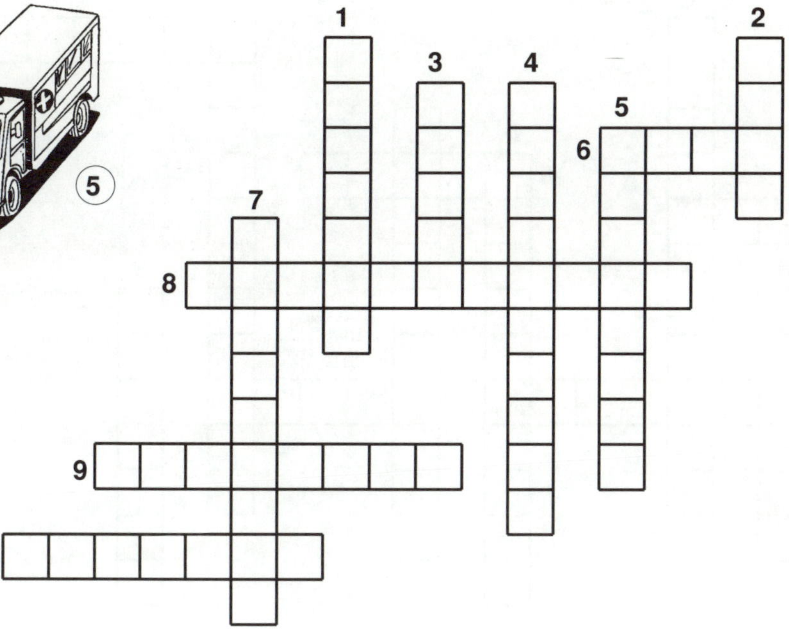
6 
7 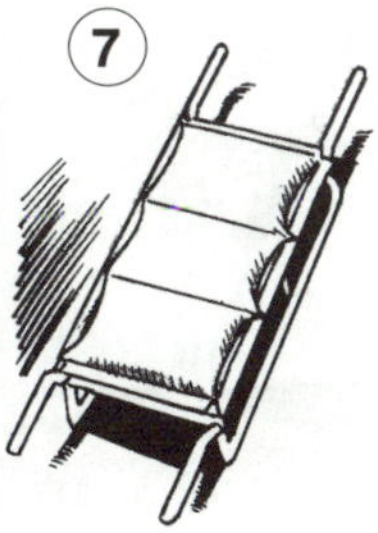 
8
9 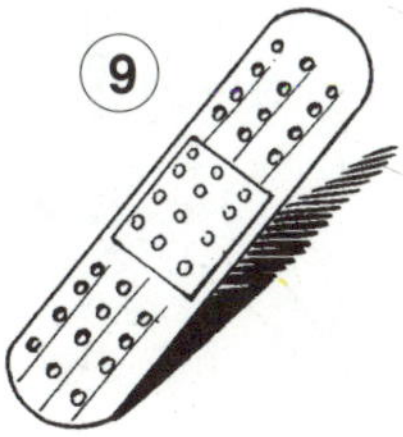
10

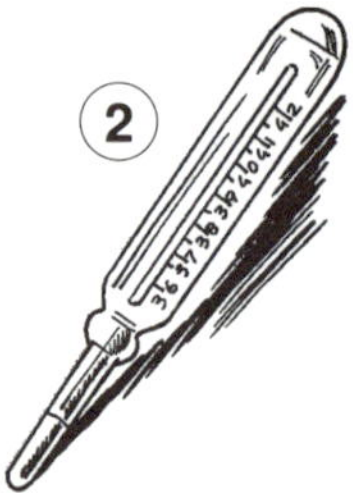

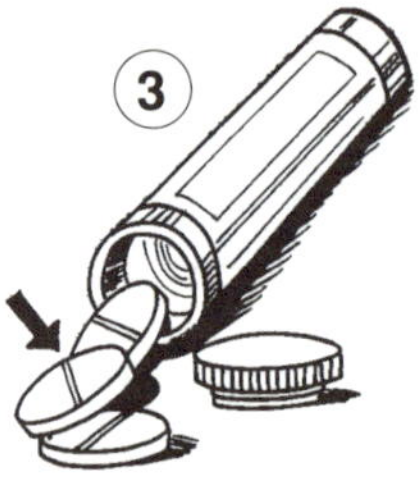

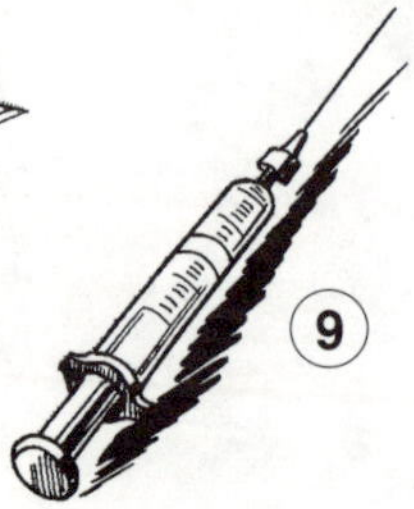

5

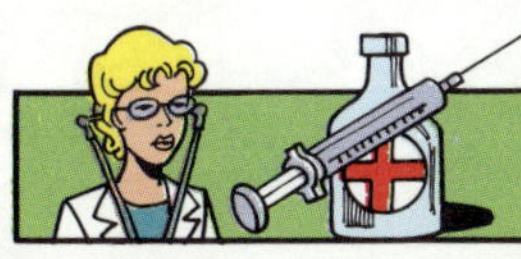

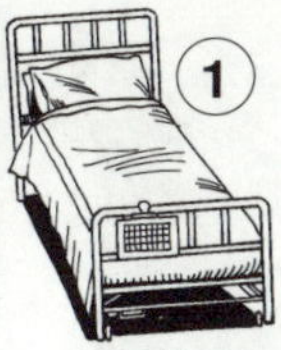
1

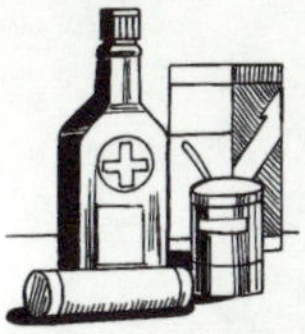
2

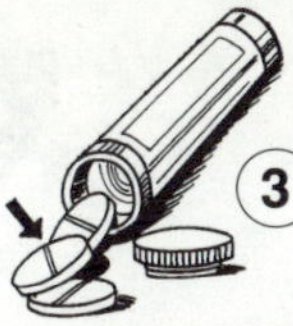
3

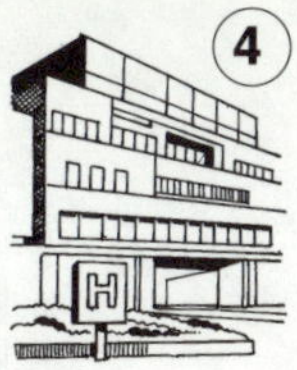
4

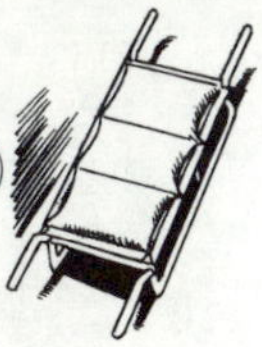
5

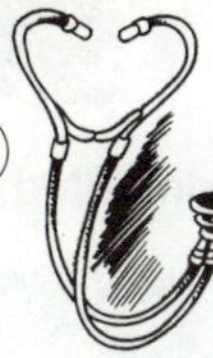
6

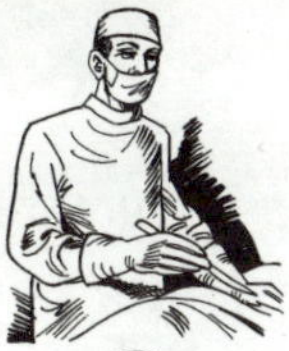
7

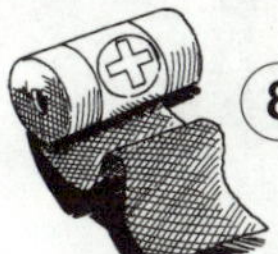
8

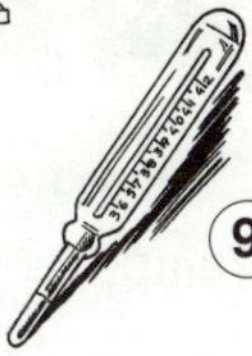
9

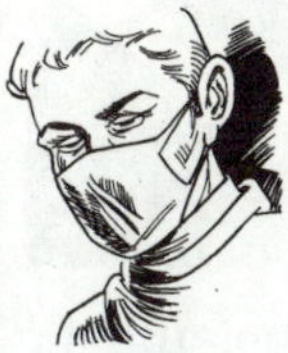
10

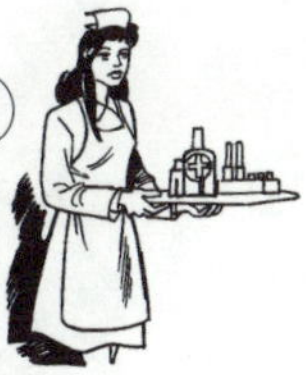
11

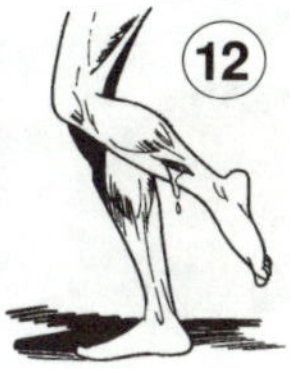
12

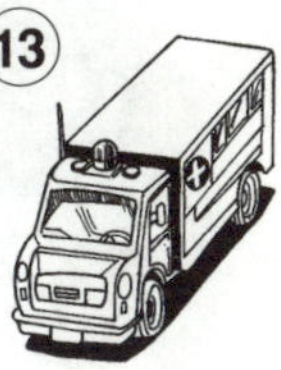
13

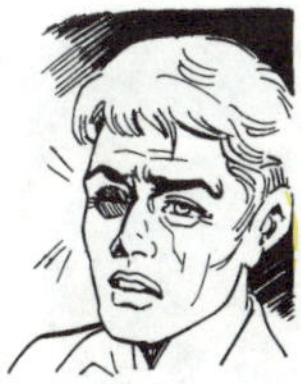
14

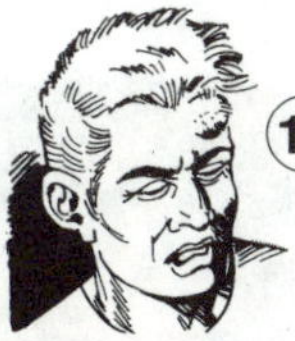
15

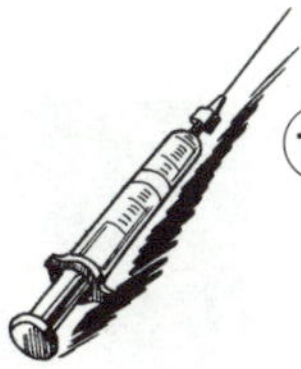
16

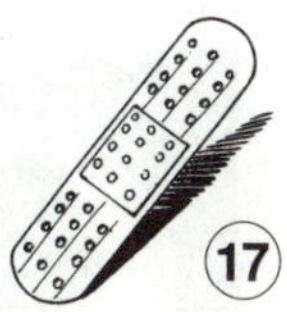
17

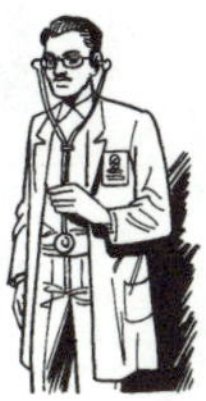
18

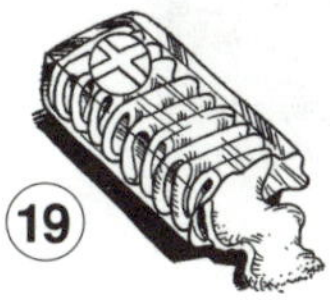
19

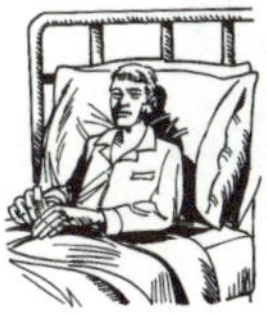
20

DAS WELTALL

die Abschußrampe

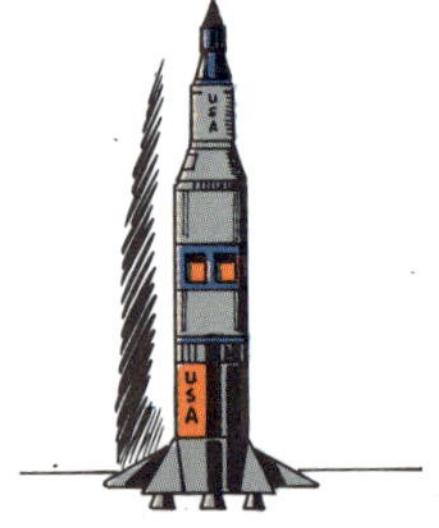

die Rakete

das Raumschiff

die Raumfähre

der Astronaut

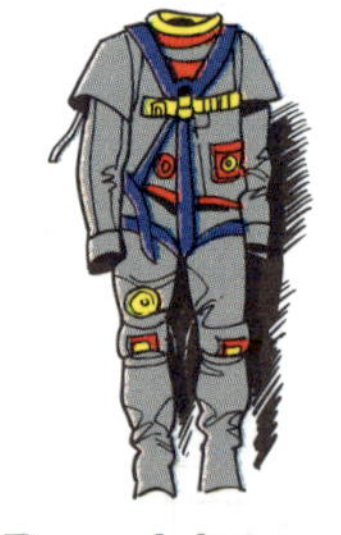

der Raumfahreranzug

das Mondfahrzeug

die Umlaufbahn

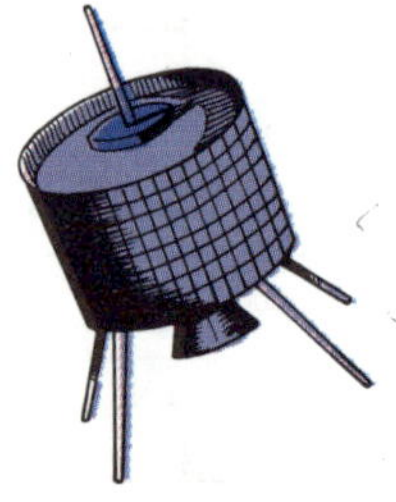

der Satellit

die Weltraumstation

der(das) Radar

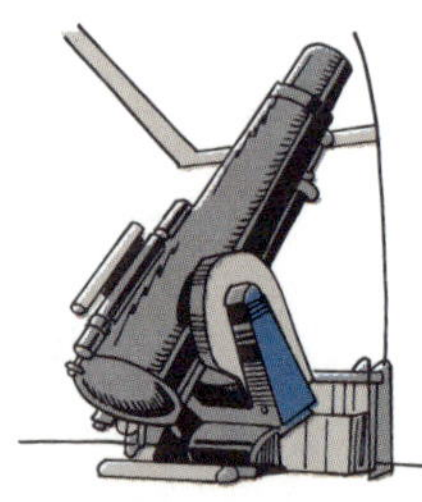

das Teleskop

die Erde

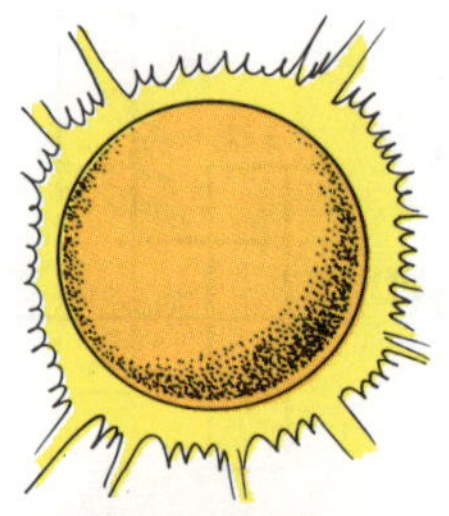

die Sonne

die Sterne

der Planet

der Mond

der Komet

der Meteorit

die Milchstraße

73

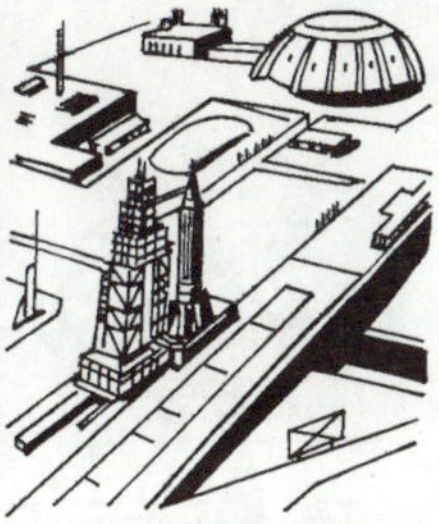

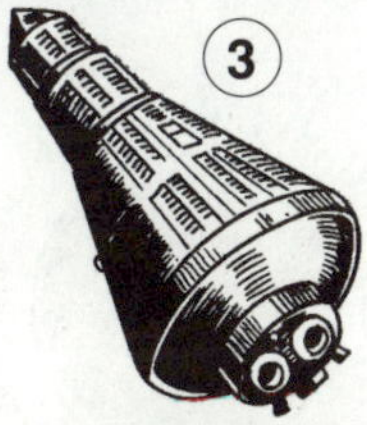

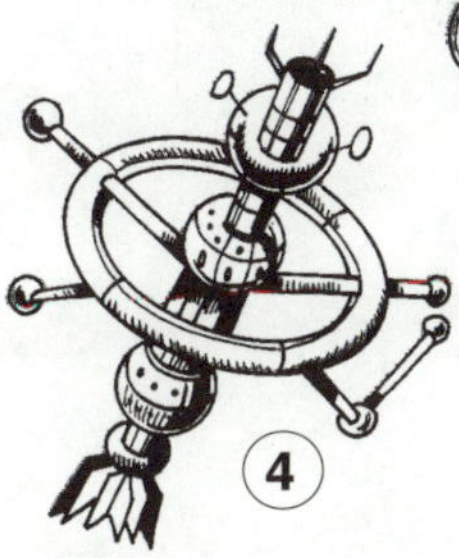

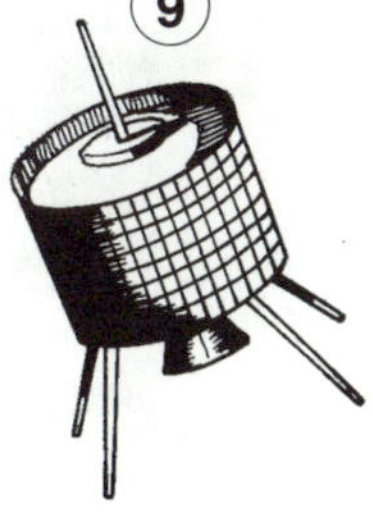

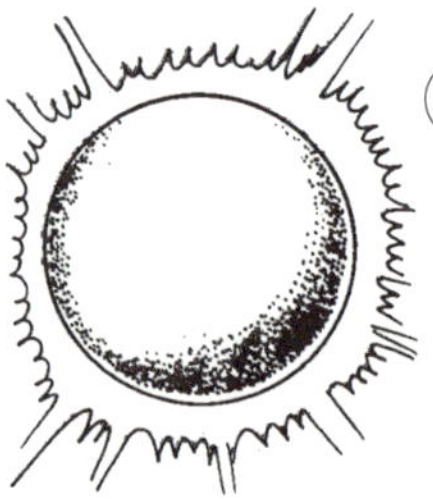

①

②

③

④

⑤

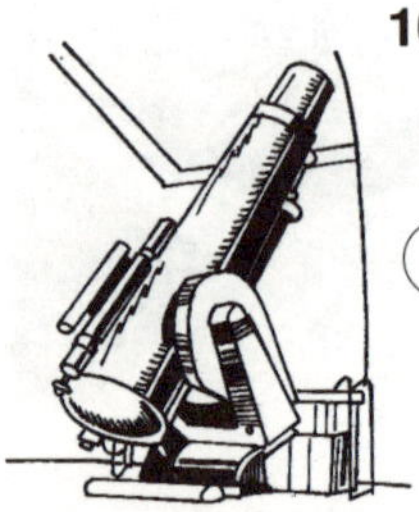

⑥

⑦

⑧

⑨

⑩

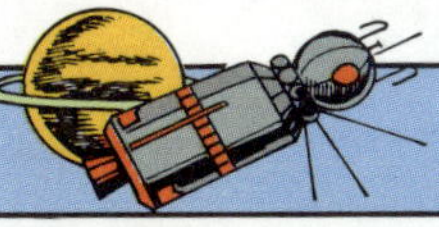

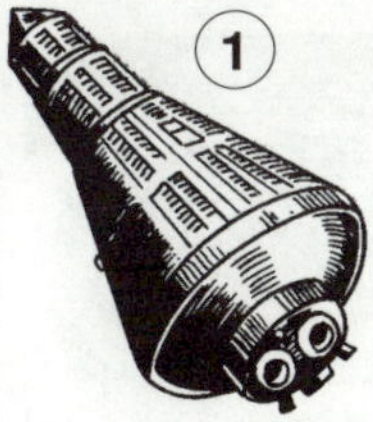

1

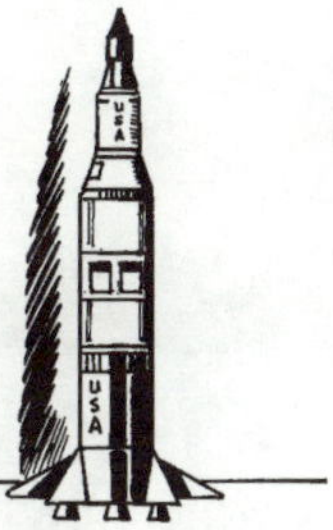

2

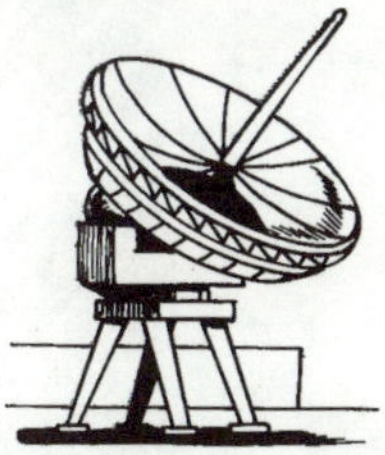

3

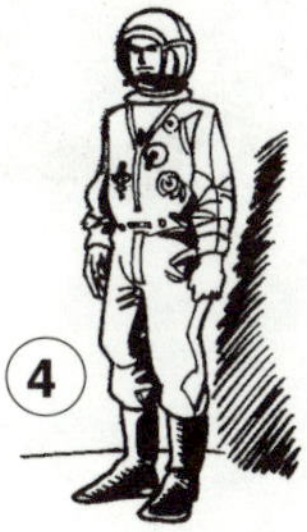

4

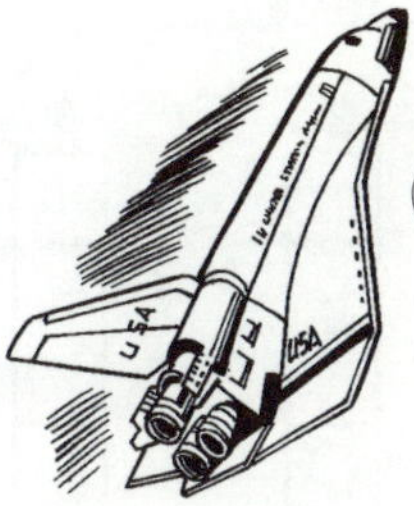

5

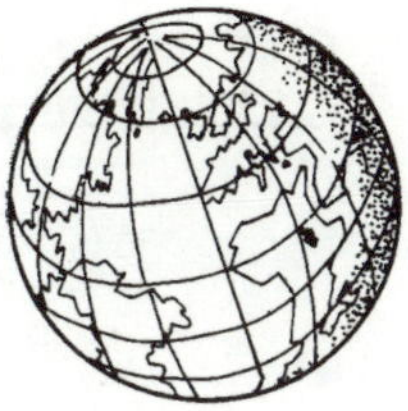

6

7

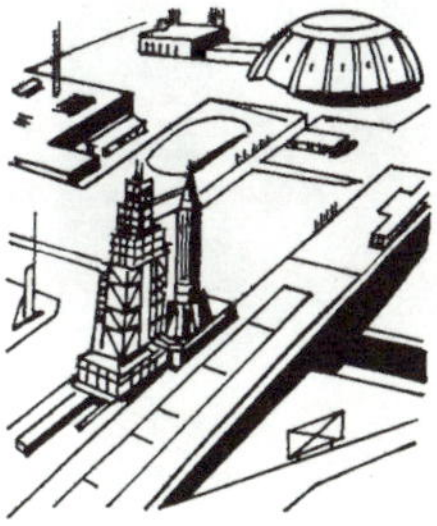

8

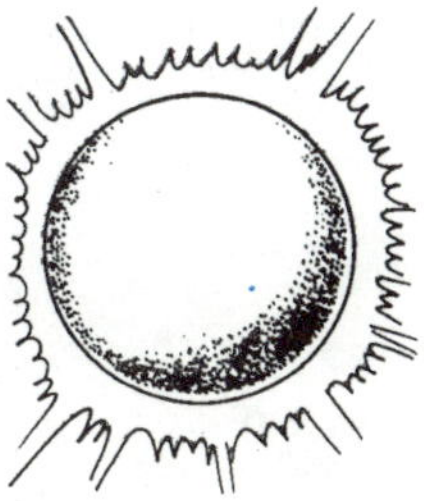

9

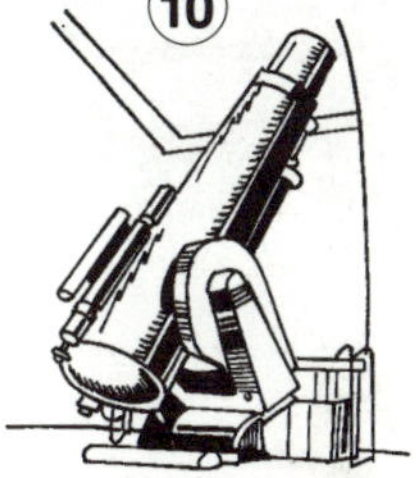

10

76

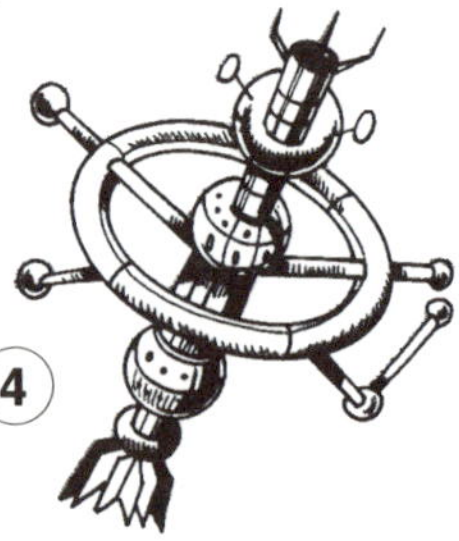

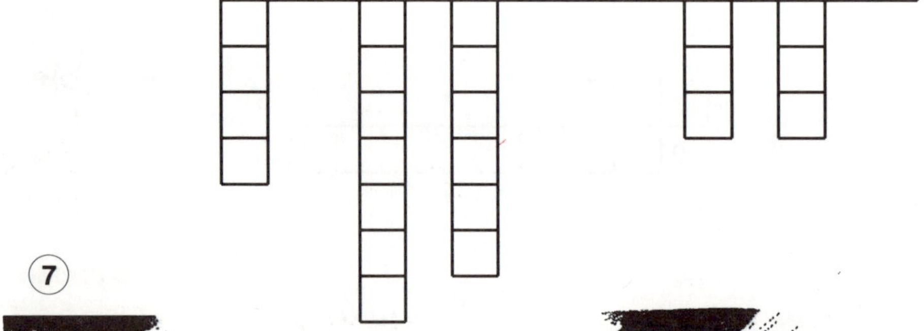

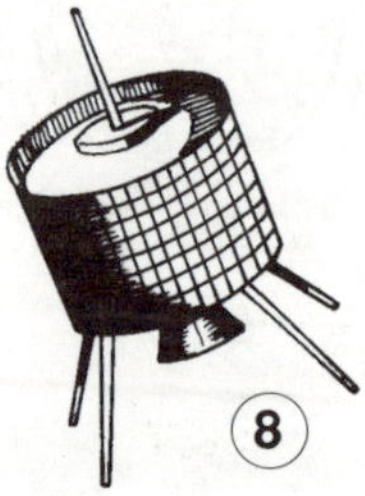

5

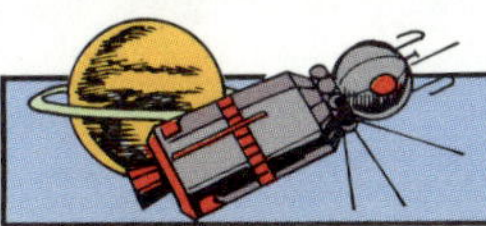

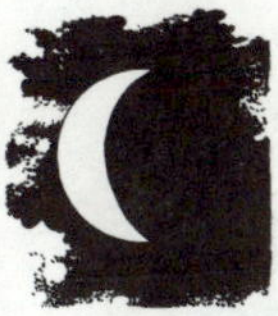
1

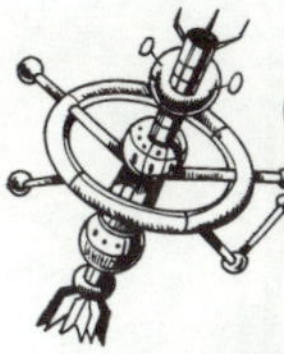
2

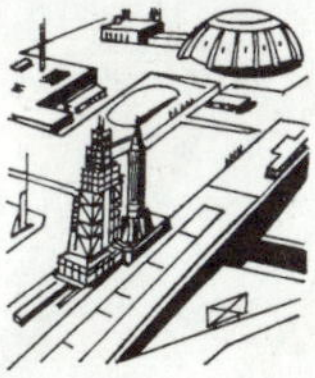
3

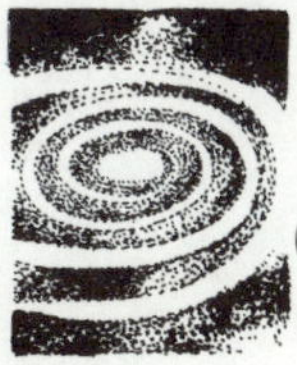
4

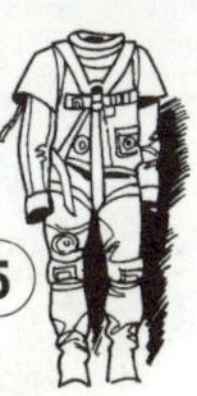
5

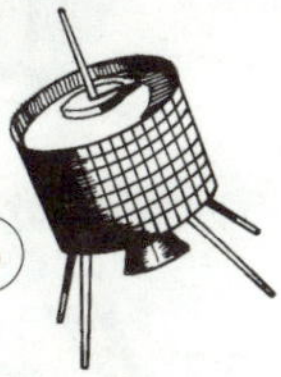
6

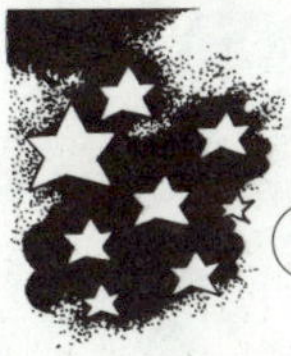
7

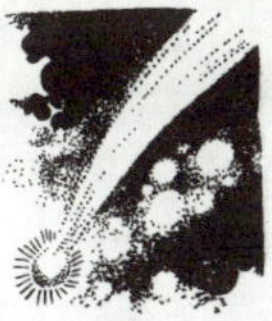
8

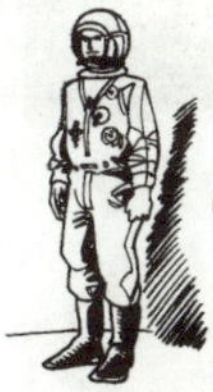
9

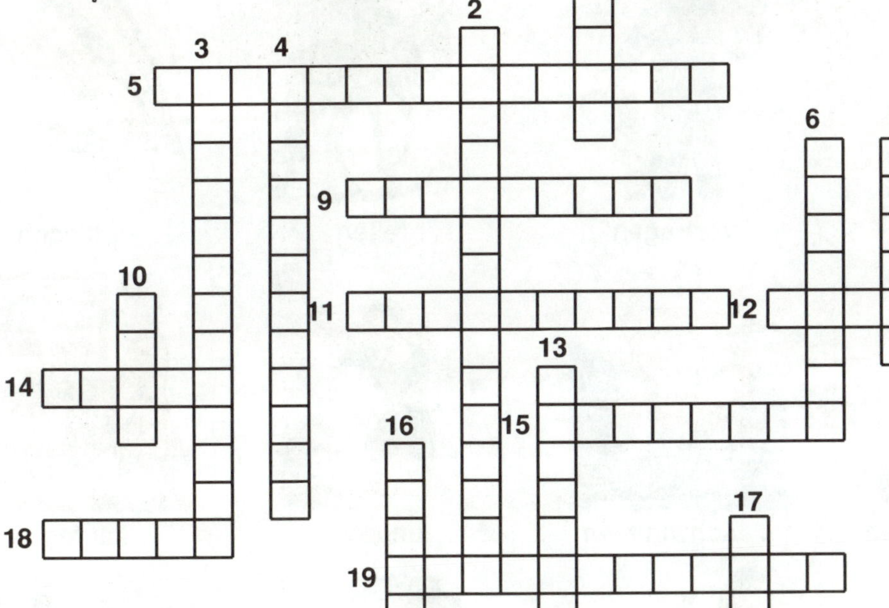

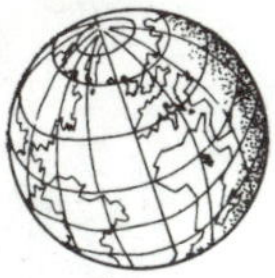
10

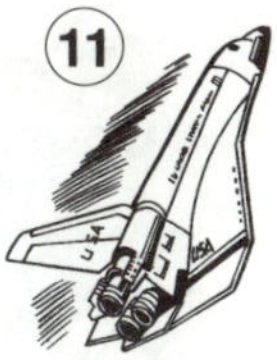
11

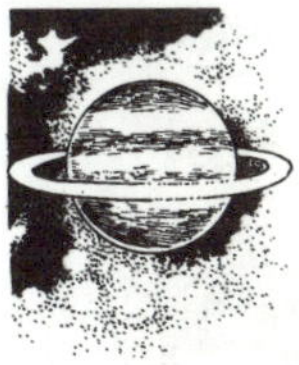
12

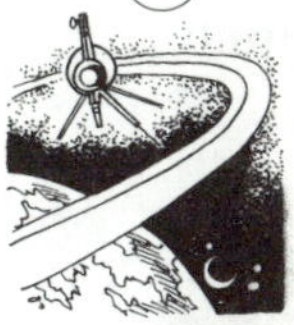
13

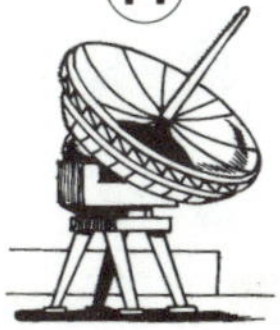
14

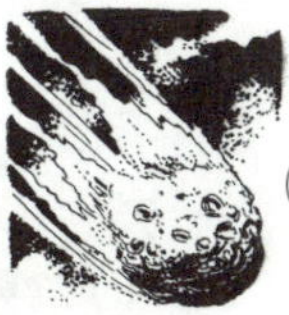
15

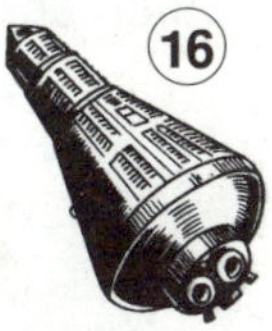
16

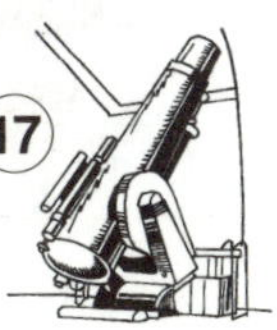
17

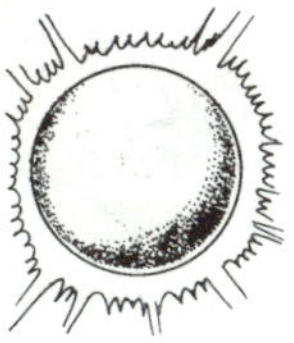
18

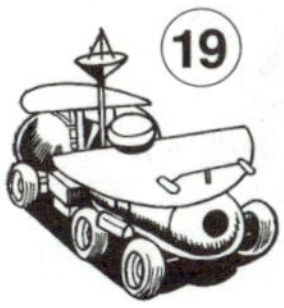
19

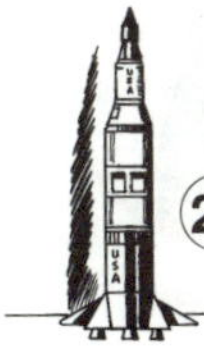
20

schneiden

sich hinknien

messen

spielen

applaudieren

vortragen

reiten

fliegen

(ins Wasser) springen

schwimmen

fangen

kaufen

sich setzen

aufstehen

beschneiden

einpflanzen

zerbrechen

sich waschen

sich anziehen

sich kämmen

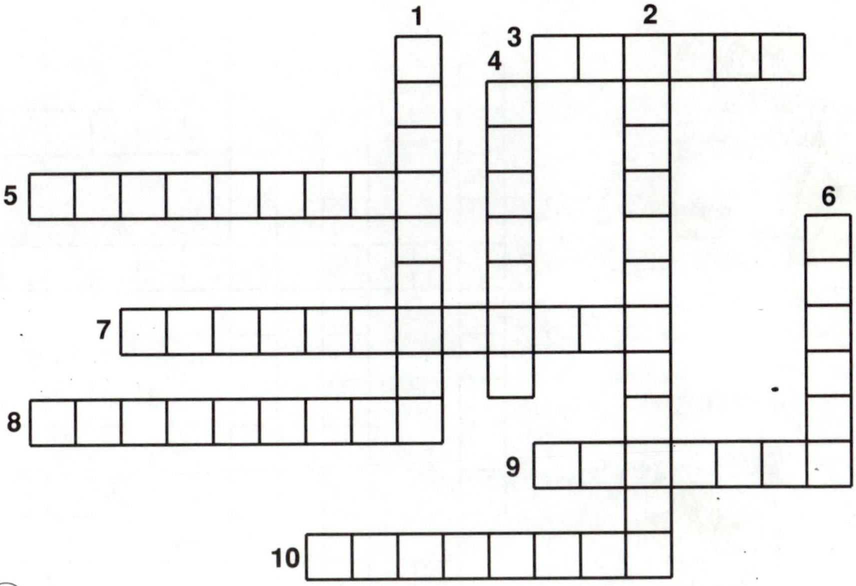

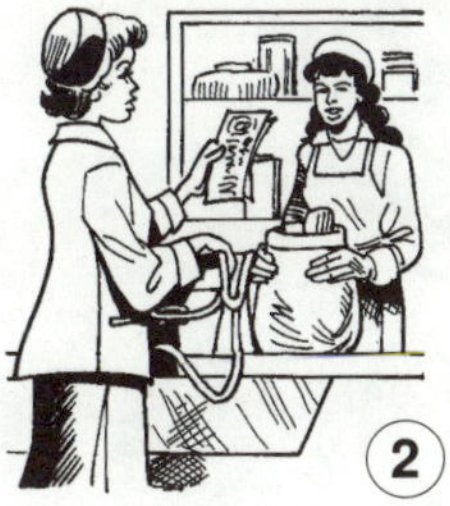

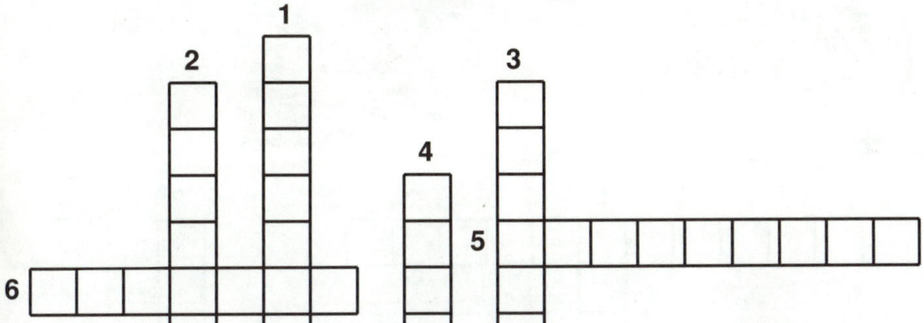

5

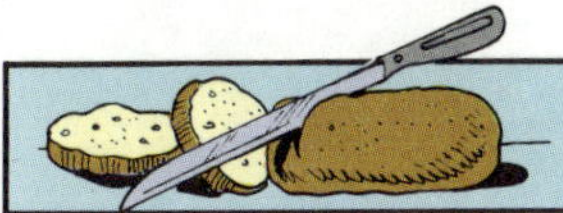

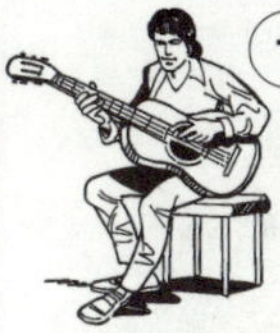
1

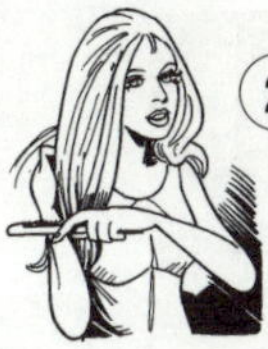
2

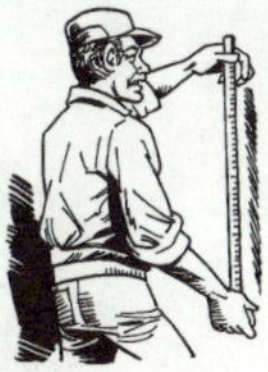
3

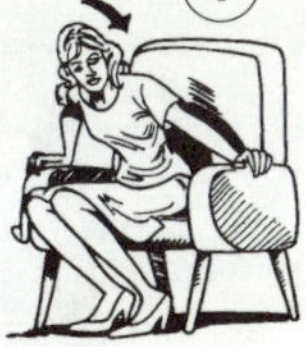
4

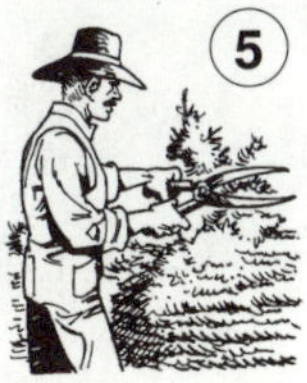
5

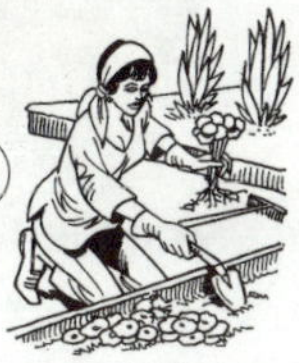
6

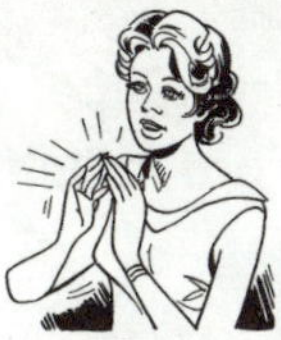
7

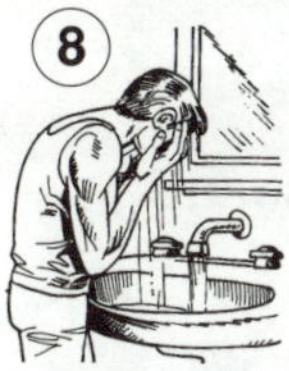
8

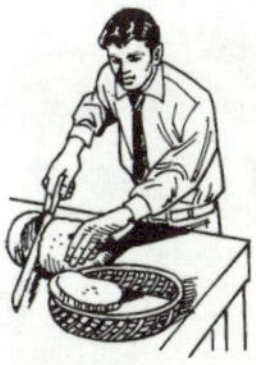
9

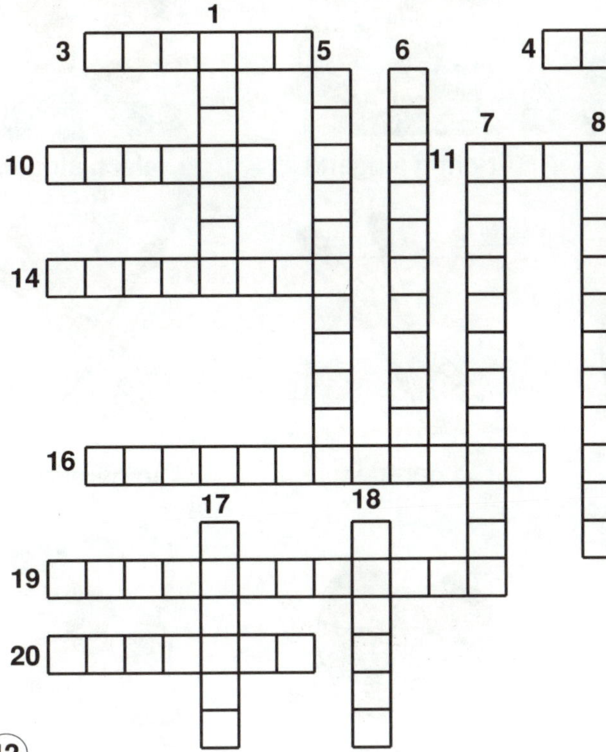
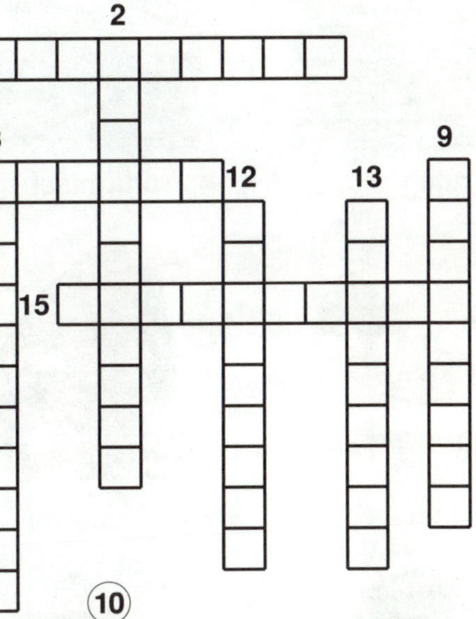

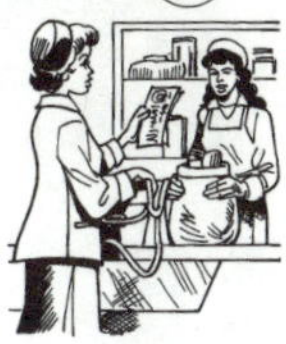
10

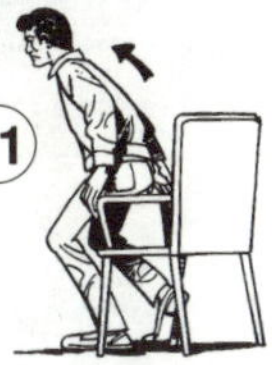
11

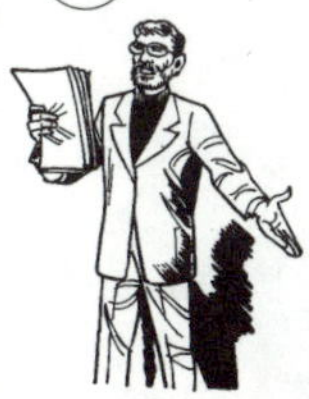
12

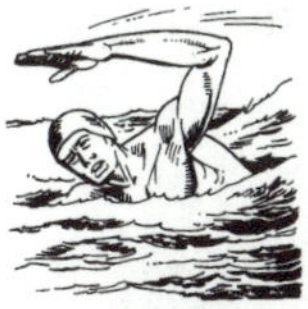
13

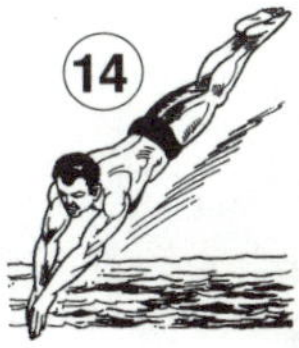
14

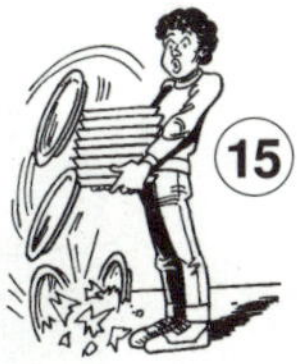
15

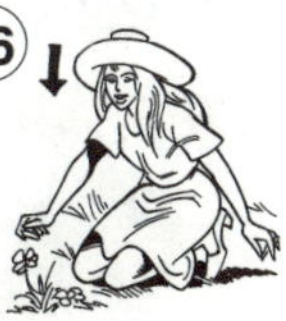
16

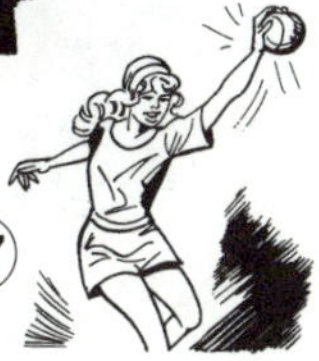
17

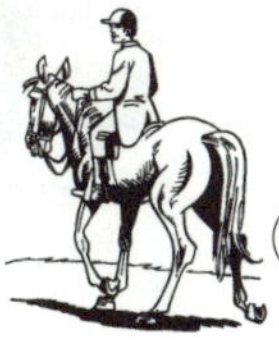
18

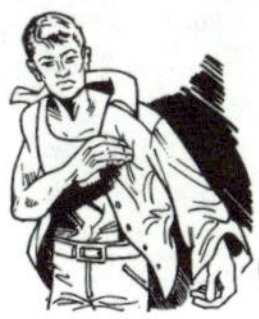
19

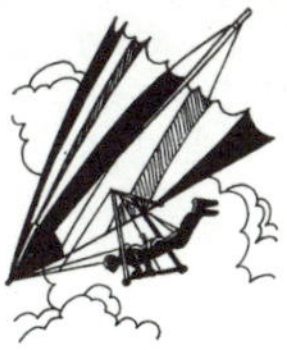
20

sauber

schmutzig

ordentlich

unordentlich

ruhig

stürmisch

richtig singend

falsch singend

leicht

schwer

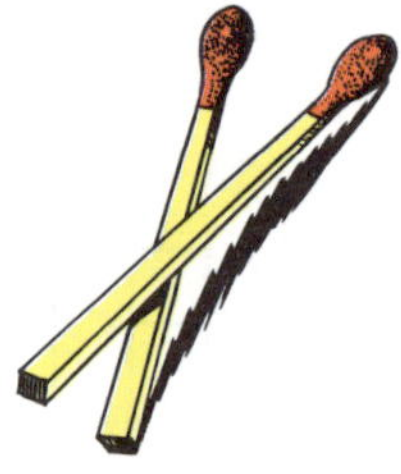

gerade

ungerade

trocken

naß

still

laut

weich

hart

links

rechts

1

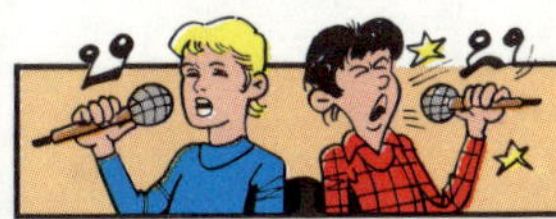

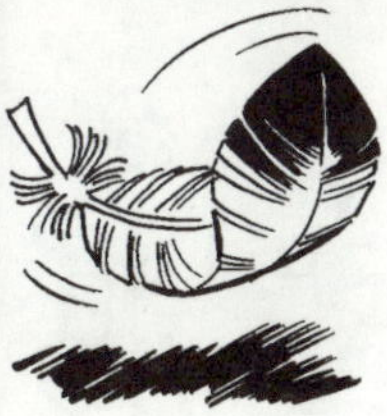

1

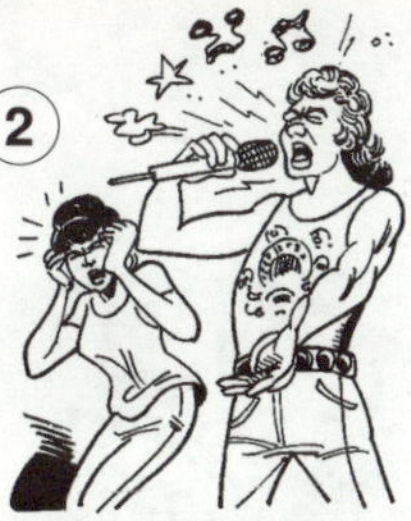

2

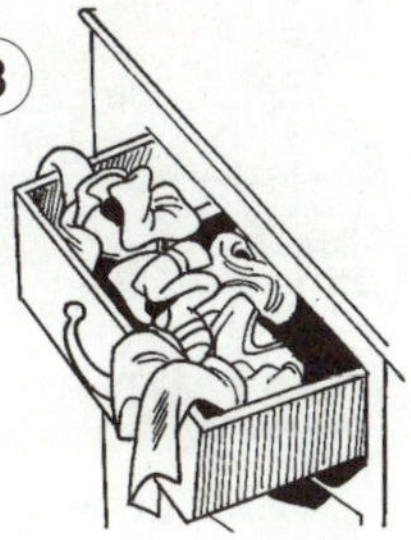

3

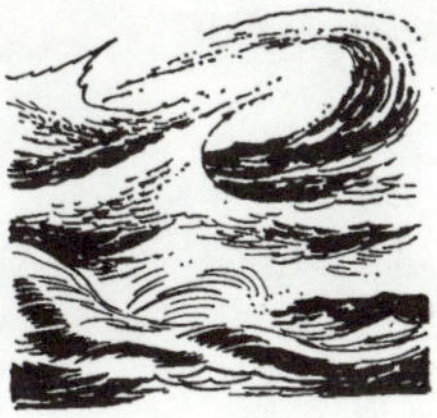

4

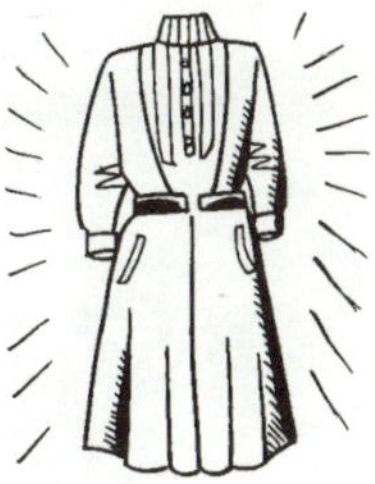

5

1 2 3 4 5 6 7 8 9 10

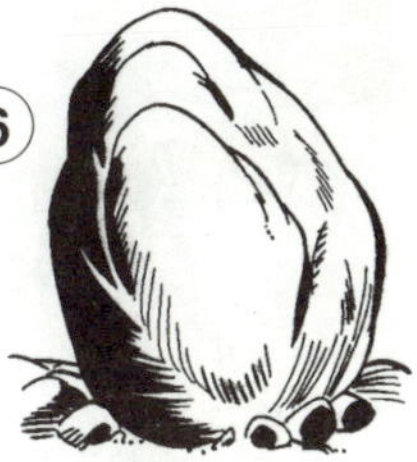

6

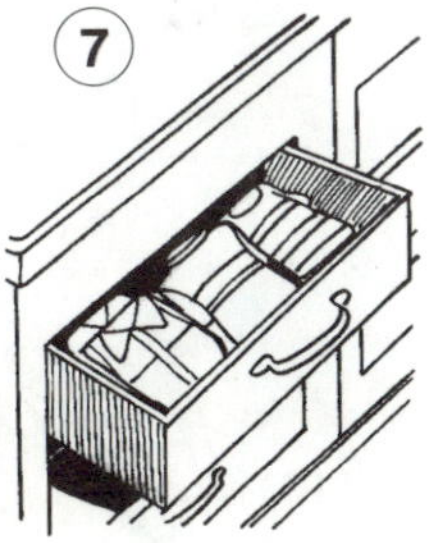

7

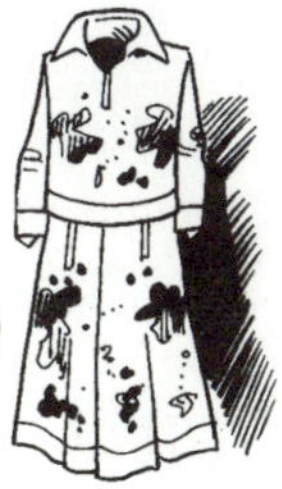

8

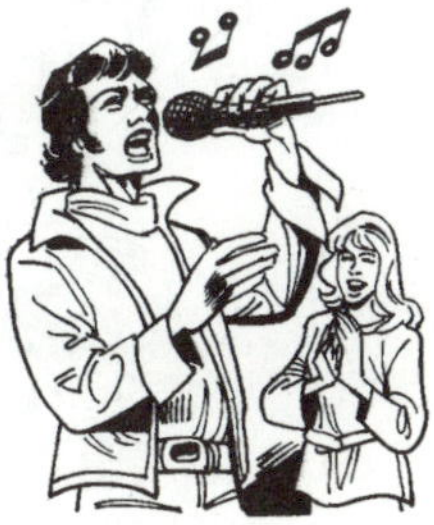

9

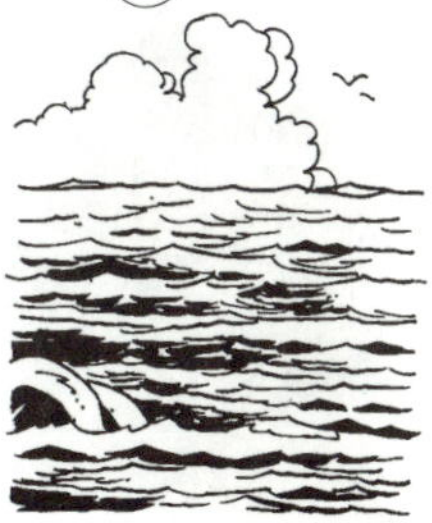

10

(1)

(2)

(3)

(4)

(5)

(6)

(7)

(8)

(9)

(10)

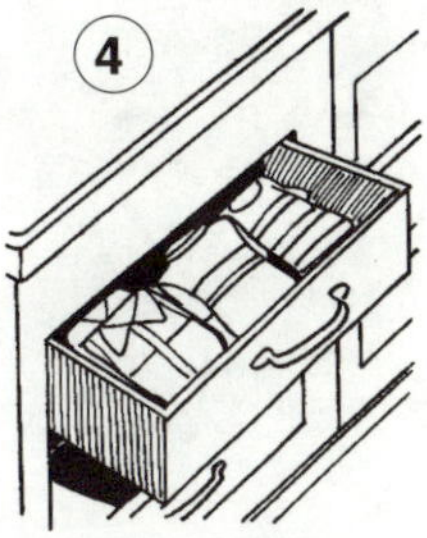

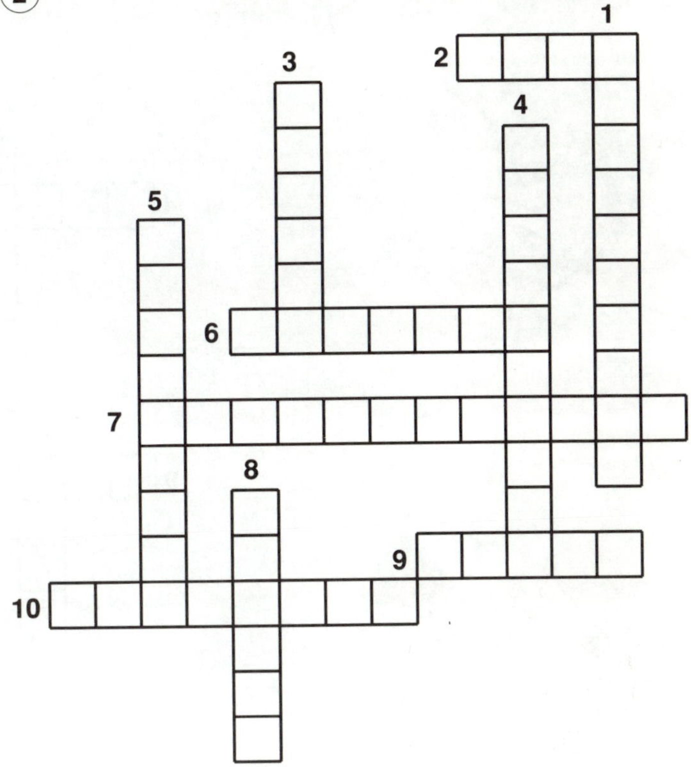

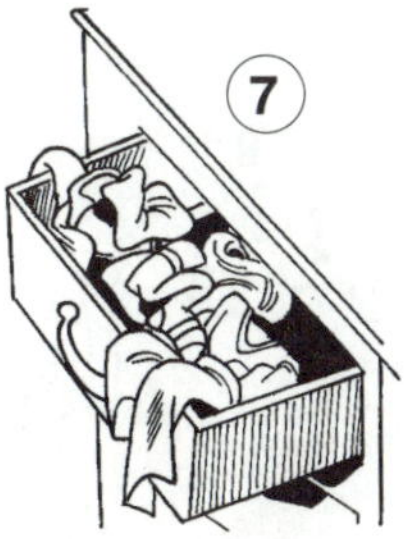

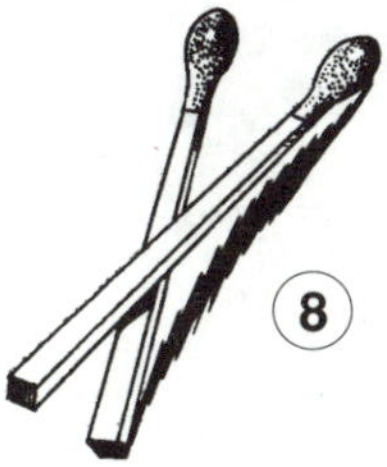

1

2

3

4

5

6

7

8

9

10

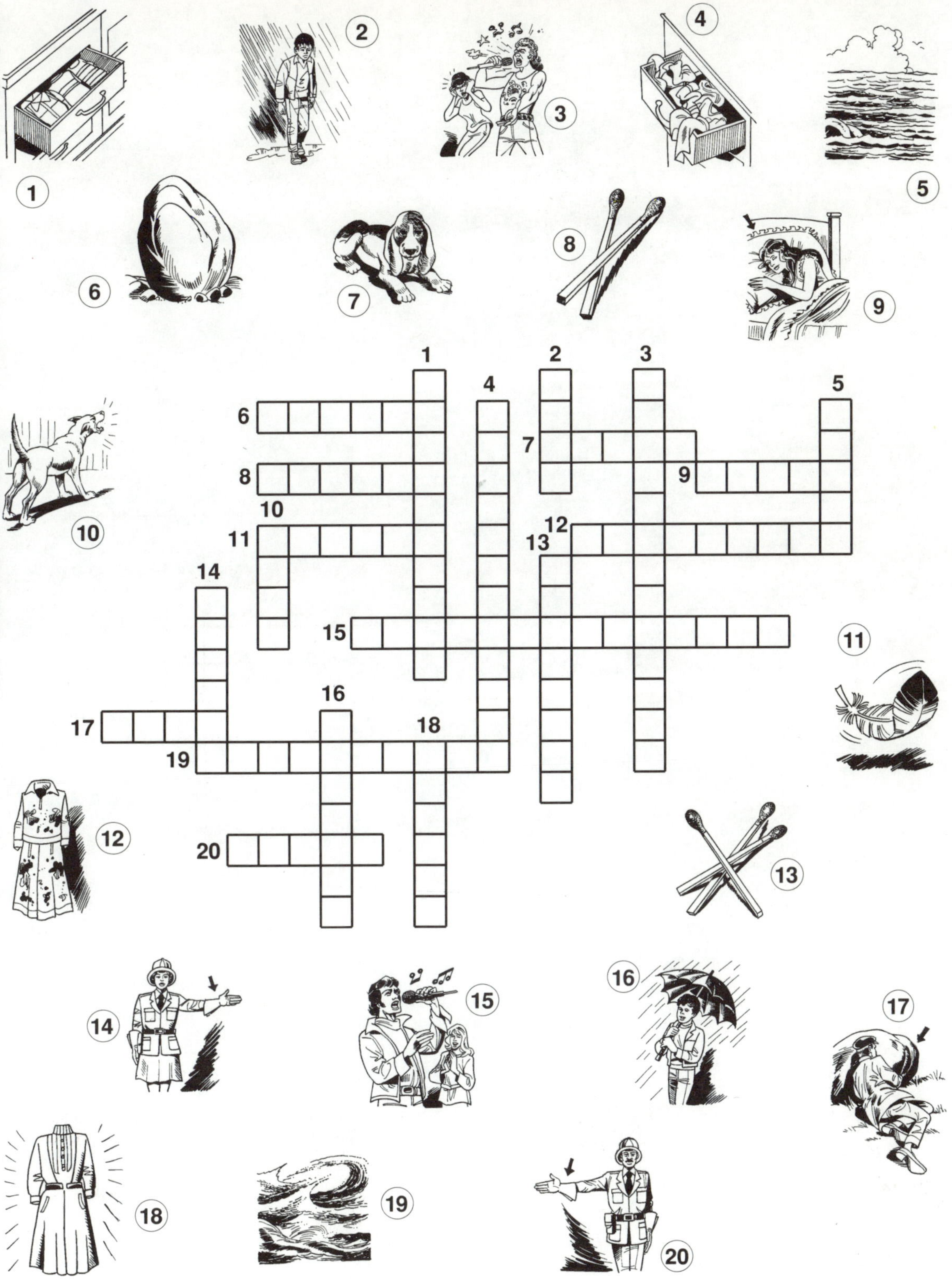

BÄUME UND PFLANZEN Seite 6

der Baumstamm	der Kastanienbaum	der Kirschbaum	der Kaktus
der Ast	die Kiefer	die Pappel	die Mimose
die Blätter	die Zypresse	die Trauerweide	der Efeu
die Blumen	die Tanne	die Palme	die Stechpalme
die Wurzeln	der Apfelbaum	die Eiche	das Gras

INSEKTEN UND KLEINTIERE Seite 12

die Schnecke	die Heuschrecke	die Ameise	die Fliege
die Raupe	die Gottesanbeterin	die Stechmücke	die Biene
der Schmetterling	der Skorpion	der Marienkäfer	die Wespe
die Libelle	die Eidechse	die Spinne	die Motte
die Grille	die Küchenschabe	der Leuchtkäfer	der Tausendfüßler

KÖRPERTEILE VON TIEREN Seite 18

die Flügel	das Geweih	die Beine	die Flossen
der Schnabel	die Ohren	der Rüssel	der Pelz
die Krallen	die Schnauze	die Stoßzähne	die Klauen
die Federn	die Mähne	die Schuppen	die Fühler
der Schwanz	die Hufe	die Kiemen	der Stachel

GESCHÄFTE Seite 24

das Schreibwarengeschäft	die Apotheke	das Optikergeschäft	das Reisebüro
der Blumenladen	die Fischhandlung	die Metzgerei	die Cafeteria
das Juweliergeschäft	der Supermarkt	die Boutique	der Damenfriseursalon
die Bäckerei	das Schuhgeschäft	das Spielwarengeschäft	der Herrenfriseursalon
das Obstgeschäft	die Buchhandlung	der Zeitungskiosk	die Schneiderei

GEPÄCKSTÜCKE UND BEHÄLTER

die Handtasche	der Aktenkoffer	der Korb	die Dose
die Brieftasche	der Rucksack	die Tüte	das Glas
das Portemonnaie	der Käfig	der Eimer	die Flasche
der Koffer	die Kiste	die Schachtel	die Tube
die Reisetasche	das Faß	der Kanister	der Sack

GEOMETRISCHE FIGUREN UND MAßE

das Dreieck	der Würfel	die Seite	die Kurve
der Kreis	die Kugel	der Winkel	die Spirale
das Quadrat	der Kegel	der Radius	der(das) Meter
das Rechteck	die Pyramide	der Durchmesser	der(das) Liter
das Oval	der Zylinder	die Diagonale	das Kilo

MUSIK HÖREN

der Plattenspieler	die Musik	die Lautsprecherboxen	das Radio
der Tonarm	die Noten	der Diskjockey	der Dirigent
die Nadel	der Kassettenrecorder	der Kopfhörer	die Musiker
die Schallplatte	die Kassette	das Mikrophon	die Musikinstrumente
die Plattenhülle	die Compact-Disc	die Sängerin	der Chor

IM THEATER

die Theaterkasse	die Schauspielerin	der Regisseur	das Bühnenbild
die Theaterkarte	das Publikum	der Bühnenbearbeiter	die Loge
der Zuschauerraum	die Kostüme	der Souffleur	die Scheinwerfer
der Sitzplatz	die Maskenbildnerin	der Komponist	der Vorhang
der Schauspieler	die Kostümbildnerin	der Notenständer	die Bühne

ALLES FÜR DEN SPORT

der Rollschuh	der Hockeyschläger	das Florett	die Scheibenhantel
die Schlittschuhe	der Baseballschläger	die Fechtmaske	die Boxhandschuhe
die Fußballschuhe	der Baseballhandschuh	die Skier	die Hürde
das Tor	der Tennisschläger	die Skistöcke	die Schwimmflossen
der Fußball	der Tischtennisschläger	der Schutzhelm	die Taucherbrille

IM BADEZIMMER

die Seife	der Rasierschaum	das Handtuch	der Lippenstift
der Schwamm	die Bürste	der Bademantel	der Nagellack
die Zahnbürste	der Kamm	die Badehaube	die Feile
die Zahnpasta	das Haarshampoo	die Gesichtscreme	die Nagelschere
der Rasierapparat	der Haartrockner	das Parfüm	der Spiegel

IM KRANKENHAUS

das Krankenhaus	die Krankenschwester	die Watte	der Mundschutz
die Ambulanz	das Thermometer	das Pflaster	krank
der Arzt	die Medikamente	der Verband	verletzt
der Chirurg	die Spritze	die Tragbahre	ein blaues Auge
das Bett	die Tablette	das Stethoskop	die Beule

DAS WELTALL

die Abschußrampe	der Raumfahreranzug	der(das) Radar	der Planet
die Rakete	das Mondfahrzeug	das Teleskop	der Mond
das Raumschiff	die Umlaufbahn	die Erde	der Komet
die Raumfähre	der Satellit	die Sonne	der Meteorit
der Astronaut	die Weltraumstation	die Sterne	die Milchstraße

VERBEN

schneiden	vortragen	fangen	einpflanzen
sich hinknien	reiten	kaufen	zerbrechen
messen	fliegen	sich setzen	sich waschen
spielen	(ins Wasser) springen	aufstehen	sich anziehen
applaudieren	schwimmen	beschneiden	sich kämmen

ADJEKTIVE

sauber	stürmisch	gerade	laut
schmutzig	richtig singend	ungerade	weich
ordentlich	falsch singend	trocken	hart
unordentlich	leicht	naß	links
ruhig	schwer	still	rechts

Redaktionsschluß
April 1991
Tecnostampa - Loreto (AN)